3天搞懂技術分析術

看懂走勢、解讀
線圖，橫掃股市
乘風破浪！

梁亦鴻／著

目錄
第1天

K線初相識

第3小時　K線基本類型說明

第4小時　複合式K線型態這樣看：從中找趨勢以及最佳進出場時間點

「第一次就上手」專欄

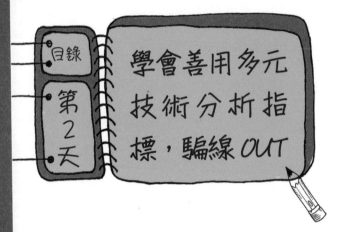

學會善用多元
技術分析指
標，騙線OUT

目錄
第2天

第1小時　K線「穩」「賺」策略：用K線提高現股當沖的勝率

第2小時　技術指標介紹：移動平均線

技術指標介紹：MACD 指標

技術指標介紹：KD、RSI 指標

「第一次就上手」專欄

目錄

第3天

籌碼面面觀

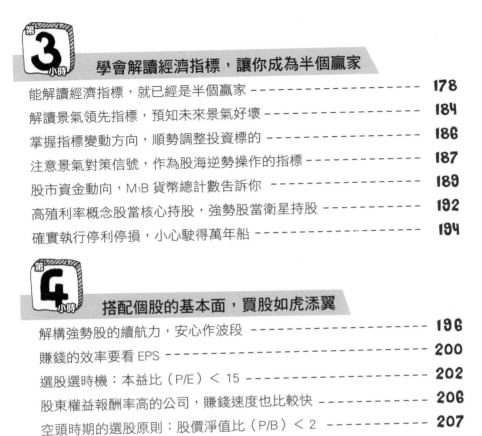

「第一次就上手」專欄

第1天

K 線初相識

美中兩大強國貿易戰，全球景氣像坐雲霄飛車，股市前景無法預測！黑天鵝又來了？！掌握股市投資的基本原則：漲時重勢、跌時重質，加上審時度勢的技術分析，幫你找出最好的進出場時機點。

K線這樣看：
技術分析的入門概念

世界強國之間的貿易戰爭，使得全球股市投資人進退失據！我們如何在混亂中操盤？歸根究底，一切必須回歸基本面，再撇開華而不實的投資話術和花招，搭配技術分析，自己的股票自己救！

單元
重點

- 熟悉技術分析的指標和K線圖
- 量先價行！注意量價關係
- 進一步搭配基本分析的觀念，收到長線保護短線的加乘效果

觀念速解

穆斯林禁令

美國總統川普在 2017 年 1 月上任後即提出「穆斯林禁令」，伊朗、蘇丹、敘利亞、利比亞、索馬利亞、葉門和伊拉克等七個穆斯林國家公民暫停入境 90 天，敘利亞難民則是無限期禁止進入美國。

　　自從 2008 年的金融海嘯重挫全球經濟之後，各個國家已經開始思索要如何避免類似的情事再度發生，不要再讓金融失序崩解經濟。於是，各個國家開始有較為嚴格的金融監理法規出爐；更積極的，還有「國家隊」各種的「救市」行動。而這些力挽狂瀾的財政政策、貨幣政策，也確實讓全球的經濟活動陸續步入正軌。不過，從 2016 年中開始的英國脫歐公投、2016 年底美國選出有「狂人」之稱的川普擔任

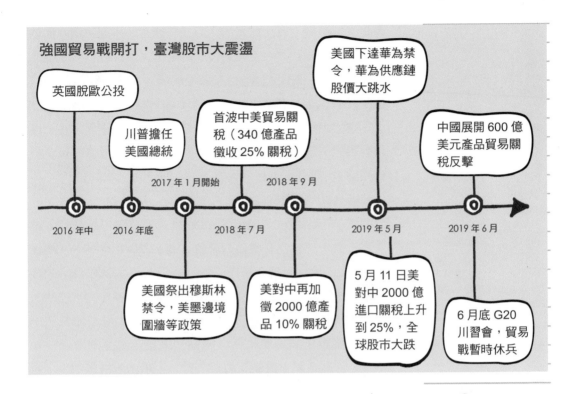

強國貿易戰開打，臺灣股市大震盪

英國脫歐公投

川普擔任
美國總統

首波中美貿易關
稅（340 億產品
徵收 25% 關稅）

美國下達華為禁
令，華為供應鏈
股價大跳水

中國展開 600 億
美元產品貿易關
稅反擊

2017 年 1 月開始　　　　2018 年 9 月

2016 年中　　2016 年底　　　　2018 年 7 月　　　　2019 年 5 月　　　　2019 年 6 月

美國祭出穆斯林
禁令，美墨邊境
圍牆等政策

美對中再加
徵 2000 億產
品 10% 關稅

5 月 11 日美
對中 2000 億
進口關稅上升
到 25%，全
球股市大跌

6 月底 G20
川習會，貿易
戰暫時休兵

總統、2017 年初，這位不按牌理出牌的美國總統陸續提出幾項新的政策（諸如穆斯林禁令、興建美墨邊境長城等）；一直到 2019 年 5 月，川普的一篇推文開啟了中美貿易戰關稅重頭戲的序幕，也震撼了全球金融市場，讓大家不由得驚呼——黑天鵝又來了！投資朋友可能又要開始找尋新的投資章法了。

審時度勢，建立自己的賺錢投資章法

Q 有人說，金融市場中「變」就是最大的「不變」。那麼有沒有什麼投資章法，可以讓我們時刻保持警覺，因應變局呢？

A 我們都知道，如果想要將資金投入市場，可以先看看哪些國家或地區的總體經濟指標相對較好；特別是 GDP（國內生產毛額）的表現。因為有較好的 GDP，就表示該國（或

觀念速解

中美
貿易戰

川普在 2018 年 7 月引用《美國貿易法》第 301 條，宣稱要對從中國進口的 340 億美元產品徵收 25% 的關稅；9 月 24 日華盛頓當局對其他從中國進口的 2000 億美元產品徵收 10% 的關稅，並威脅在 2019 年要上升到 25%，後因 2019 年 6 月 29 日的 G20 高峰會，暫緩 25% 高關稅措施。中國也立刻反擊，於 2019 年 6 月 1 日起對 600 億美元美國進口的商品加徵 25% 到 10% 的關稅。

者是該經濟體）有比較好的「吸金」能力——因為國際間的熱錢總會流向經濟表現較為優秀的地方；所以我們說，GDP較好的國家，擁有較強的吸引資金的能力；不管是內資也好，或是外資也罷，都會因為較佳的GDP成長率而「錢」進該國，讓大家想要參與榮景，分一杯羹。進入該市場之後，通常會透過研讀財務報表，進一步找到快速成長的產業以及投資亮點（個股）。這種分析方法，我們稱為「基本分析」（可以參考《3天搞懂財經資訊》一書）。

然而，如果一個國家的GDP成長率表現不如預期，難道在金融市場就沒有賺錢的機會了嗎？股神巴菲特（Warren Buffett）、金融巨鱷索羅斯（George Soros）等國際知名的投資大師，好像不只在經濟大好時能夠獲利，在經濟不佳時，他們的操作績效也一樣不含糊。他們到底是怎麼辦到的？

在股票市場打滾稍微久一點的老鳥，應該都聽過一句話，「漲時重勢、跌時重質」。因為重勢（看懂趨勢），所以能夠在多頭格局裡賺取大波段的利潤，不會在股票剛上漲

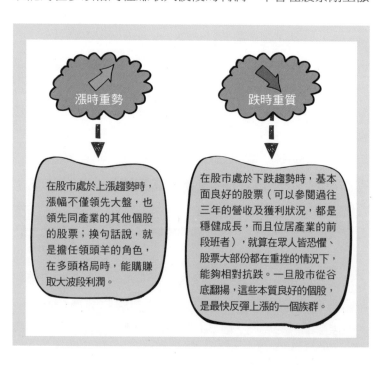

漲時重勢

跌時重質

在股市處於上漲趨勢時，漲幅不僅領先大盤，也領先同產業的其他個股的股票；換句話說，就是擔任領頭羊的角色，在多頭格局時，能購賺取大波段利潤。

在股市處於下跌趨勢時，基本面良好的股票（可以參閱過往三年的營收及獲利狀況，都是穩健成長，而且位居產業的前段班者），就算在眾人皆恐懼、股票大部份都在重挫的情況下，能夠相對抗跌。一旦股市從谷底翻揚，這些本質良好的個股，是最快反彈上漲的一個族群。

的初升段或是驚驚漲的主升段，就被人把籌碼給「洗」了出來。因為重質（看懂體質），所以能夠在眾人都處於恐懼的空頭格局裡，挑選到優質股票，在經濟從谷底翻揚的時候漸次加碼，最後總是能夠翻好幾番的賺取資本利得。這些本事，除了能夠在茫茫股海中，透過基本分析精挑細選個股之外，另外就是要具備「審時度勢」的功夫。

　　什麼是「審時度勢」的功夫呢？一般認為，那就是所謂的「技術分析」；換句話說，技術分析就是協助投資人隨時保持警覺，機動性地尋找良好的進出場時間點。

Q 可是，技術分析的型態、指標、線型圖多達數十種，投資人應該要如何學起呢？

A 我認為，可以先從邏輯性較強、較為簡單易懂的技術分析型態「K 線」開始學起，之後再搭配其他的指標，同時參考價與量的變化，就可以掌握理想的進出時間點。而為了更有效率地學會技術分析，投資朋友必須先瞭解技術分析的理論前提，那就是：

❶ 它是假設過去的價與量，會被複製到未來。
❷ 要同時觀察量價關係，而不可偏廢。
❸ 它是有時間限制的。

Q 技術分析有那麼多的線、圖跟指標，想要判讀的話，都可以追溯到之前成交的價格跟數量？

A 簡單來說，技術分析是假設過去「個股的量和價」的型態變化，可以在未來重複出現；因此，投資人想要預測未來可能的價格走勢，就要觀察過去量價關係的變化。例如，股票在經過一段上漲走勢之後，肯定會遇到「獲利了結賣壓」（股價由低檔漲上來，買在相對低點的人，在股票上漲階段都是處於獲利的狀態，於是就會有人想要獲利了結、落袋為安，這些人就是潛在的獲利了結賣壓來源），以及「解套賣

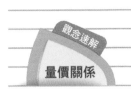

觀念速解

量價關係

在股市中，漲跌由供需決定，「量先價而行」，才是真實的漲勢。但有時量價關係不一定相符，也可能「量價背離」，也就是量增卻價跌，或是量縮卻價漲。可搭配 K 線圖判斷後勢走向。

壓」（之前股票價格一路下跌，那些來不及出場、住進高檔套房的投資人，現在看到股票價格好不容易又漲上來了，就會有人想要先解套出場，這些人就是潛在的解套賣壓來源）──這兩股壓力必須要被克服（滿足）之後，股票價格才有可能繼續翻揚向上。

因此，假設有某一天或某一段期間的累積成交量沒有能夠滿足這兩股壓力的話，勢必得要在這個價格區間盤整好一段時日，直到讓前面的那兩股賣壓都被滿足之後，又等到新的買盤出現，才會再繼續往上漲。

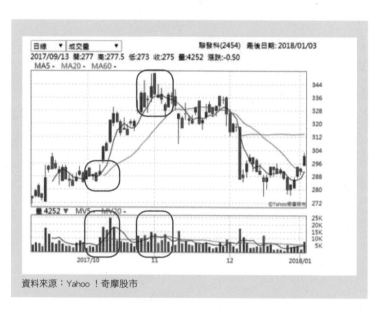

資料來源：Yahoo！奇摩股市

以聯發科而言，當股價從 2017 年 9 月的底部區 280 元附近開始起漲，漲到 2017 年 11 月的 350 元，短線漲幅超過25%，就引起獲利了結賣壓，於是股價跌到近 300 元之後，止跌反彈。其後漲到 340 元附近，為何漲不上去？是因為遇到從350 元下跌之後，來不及出脫的解套賣壓。因為量能不繼（在2017 年 11 月中，由 300 元上漲到 340 元過程中的成交量，是低於前波 2017 年 10 月到 2017 年 11 月，由 300 元上漲到 340元過程中的成交量），股價無法衝關並繼續往上漲。

重點 賣壓出盡，有新的題材，成交量大增，股價才可能上漲！量能不繼，就會進入 <u>盤整期</u>。可以同步參考均線。

觀念速解

盤整

盤整（Correction）也稱為股價整理。股價在經過急漲或急跌後，在一段時間內，始終在一個區間內小幅來回震盪。通常需要經過一段時間後，才能解讀一支股票是否在盤整。

Q 那麼這個成交量需要達到多少，才算是已經可以克服前面所說的兩股賣壓呢？

A 要克服這兩股潛在賣壓的成交量需要多少，這就牽涉到投資人要以過去多少時間來做判斷。例如，你是要找尋過往三個月、半年或是一年的套牢或獲利的成交量來判斷？因為牽涉到所選擇時間區間的不同，判斷的成交量也就不一樣。這就是為何同樣一個時間點，有不同的分析師會宣稱目前的成交「量能」不夠，需要多少的「衝關量」才能夠突破上檔的反壓，而這些衝關量始終人言人殊、莫衷一是了。

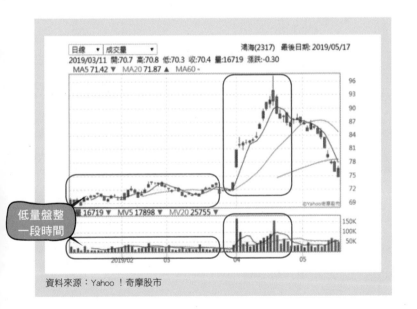

低量盤整一段時間

資料來源：Yahoo！奇摩股市

以鴻海而言，這隻大象從 2019 年 3 月 28 日的 71.5 開始起漲，到 2019 年 4 月 18 日漲到最高點 97.2，在約半個月內上漲超過 35%〔（97.2 － 71.5）/ 71.5 ＝ 35.94%〕。之所以能夠這麼猛烈的上漲，除了是因為郭董宣布角逐 2020 年

的總統大選，引人矚目之外，還搭配鴻海已經低量盤整好一陣子，所以一旦在 2019 年 4 月 1 日爆量漲停之後，就會漲個不停了。因為要克服前一陣子的低量賣壓，可以說是輕而易舉。

 低價盤整過後，當有主力重新爆巨量進場，加上出現利多消息時，就是新一波漲幅的開始。但若看到下次大量賣單出現，就是退場的時機。

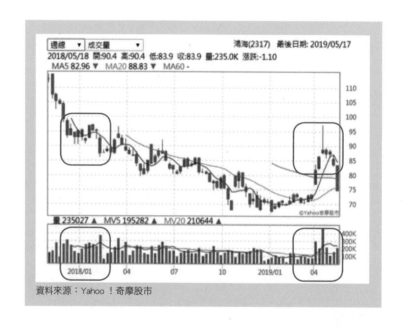

資料來源：Yahoo！奇摩股市

以鴻海而言，當上漲到波段高點 97.2 之後，就開始面臨前波在 90 ～ 100 元附近的解套賣壓，以及短線急漲 35% 的獲利了結賣壓。觀察從 2017 年 11 月之後，從 100 元以上的價位下跌以來的週平均量能，都在 25 萬張以上；可是，鴻海在 2019 年 4 月分股價達到 90 元以後的週平均量能卻逐步萎縮，甚至於只剩下 10 萬張左右。在量能不足的情況之下，除非有基本面的重大利多消息激勵股價，否則勢必得再盤整一陣子，才有機會再度上漲。

當成交量明顯萎縮、量能不足時，若沒有新的利多消息，將再度進入盤整期。

Q 除了價量之間的關係，還有哪些技術指標也可以用來審時度勢呢？還有，技術指標也可以搭配基本分析一起操作股票嗎？

A 技術分析的指標、線、圖有數十種，加上某些市場的特殊交易制度（例如臺北股市有漲跌幅、中國有鎔斷機制等），就會提高在學習技術指標時的複雜性，也因此會讓很多投資朋友因為要熟記各種情境、各種線圖的排列組合，產生挫折感，進而放棄學習如何從技術分析來找尋買賣的參考時間點，錯過獲利的機會，實在很可惜。如果我們可以按部就班，從基礎的指標（例如 K 線），再學習可以用來確認趨勢的指標（例如 **MACD** 等），再加以綜合分析檢驗，肯定可以提高準確度，不至於被某些的指標背離、高（低）檔鈍化等相對特殊的情況給搞迷糊，導致削弱了使用技術分析判斷局勢的信心。如果我們進一步搭配某些基本分析的觀念，相信可以收到長線保護短線的加乘效果。

Q 在使用技術分析操作股票時，有沒有需要注意的事項？
A 各種技術指標都有它們應該注意的事項以及適用的情境，再加上市況多變，其實難以找到一個萬能的指標可以放諸四海皆準。但是，在使用技術分析指標操作股票時，最起碼應該要掌握一個原則，那就是非得等到出現很明確、很有把握的訊號或指標時，才能進場或出場；一旦出現自己沒有把握、頗有疑慮，甚至是從過往經驗來看屬於準確度不高的訊號時，是不應採用作為進出場依據的。這時候，投資朋友寧可觀望也不要輕易冒險，拿自己辛苦賺來的真金白銀去賭一把，妄想憑著自己的直覺或氣魄，甚至於是義和團式的勇氣，就想要在詭譎多變的資本市場衝鋒陷陣，進而有所斬

MACD

MACD（Moving Average Convergence / Divergence）指數平滑異同移動平均線
是股票交易中一種常見的技術分析工具，可作為中長期研判指標以及趨勢周期。MACD 其實就是兩條指數移動平均線 ──EMA（12）和 EMA（26）── 的背離和交叉。

高（低）檔鈍化

在股市的 KD 指標中，K 值是快速平均值，D 值是慢速平均值。若 KD 值 >80，代表超買區，宜退場，20 以下代表超賣區，宜進場。但在多頭行情下，KD 值始終處於 80 以上，仍有續創新高的機會時，稱為高檔鈍化。KD <20 時，若持續創新低，則稱為低檔鈍化。

獲。這種樂觀、天真的好人，就算學再多的技術指標，可能也只能夠在資本市場中做個散財童子，不會變成股神的！

現在，我們瞭解了技術分析的基本概念，接下來在本書的第一部分，我們會先從技術分析中，最為簡單易懂、易學易用的 K 線開始介紹，內容包括如何畫 K 線，以及如何從各種 K 線的型態去預測未來可能的價格走勢，比方說是趨強走勢？還是趨弱走勢？

接著第二部分，我會進一步地跟讀者說明其他重要的技術指標，以及如何搭配運用這些指標來找到理想的買賣點，另外也有各種情境的策略分析與應用（以及如何搭配 K 線使用，彌補 K 線在判斷買賣點上的不足。）

最後，在第三部分，我還會介紹 K 線如何搭配基本分析的概念，去找到一個兼顧中長期的投資策略。另外，針對想採取進可攻、退可守操作策略的投資朋友們，我也整理出

重要的基本分析概念，讓各位藉由理解這些概念，在選股及
抱股時能夠更加篤定。

 即便認為自己對股市操作駕輕就熟，也要沉住氣。
只要是不明確的指標或訊號，就不宜作為進出場
依據，寧可多加觀望。過度樂觀的投資人，常常
不小心變成散財童子喔！

第1天　第2小時

用K線幫你判斷行情：
投資新手必懂的基本K線圖

技術分析指標、線、圖數十種，再加上量能變化，排列組合更是千變萬化！千線萬線讓你眼花撩亂嗎？跟著梁老師，一起從最有邏輯的K線基礎課程開始學起吧！

單元重點

- 看懂K線圖的線段意義
- 利用K線預測價格

利用K線解讀、預測價格

Q 在股市中，最常聽到的技術指標就是K線，K線要如何運用到股市以預測股價的變動呢？

A 其實K線一開始並不是運用在股票市場的。關於K線的起源，一般認為是來自1730年代的日本米市。在日本米市裡，有買賣米的大小盤商以及供給米糧的農夫，在固定集會的米市交易日，有些盤商會藉由記錄米市的當天開盤、收盤價，以及當天的最高及最低價格，來瞭解米的價格變化，並預期米價的未來走勢，試圖可以交易到最好的價格。

　　剛開始，大多數的稻米交易商都認為K線只是一種記錄的工具而已，跟一般的曲線圖或長條圖一樣；差別只在於K線圖可以將數字轉換成為圖形而已，沒有什麼太大的用處。然而，比起數字來，K線圖實則蘊含著更多價格上的資訊，一些資深的交易商人也的確從這些資訊當中，解讀並且預測出米市未來行情價格的漲跌。自此而後，解析K線成為米市一項熱門的學問。

　　隨後，有人從股票市場發現，股票價格的起伏變動跟米市的行情漲跌有若干相似之處，甚至在鑽研改良之後發現，

以 K 線圖形來預測股票價格未來的價格走勢，有更大的斬獲。再加上股票比起稻米市集的交易更加普及，後人便以為 K 線圖是股票市場「專屬」且「特有」的分析工具了。另外，因為 K 線圖的形狀跟蠟燭很相像，因此又有人把 K 線圖稱為「蠟燭棒」。

　　介紹完 K 線圖的起源之後，接下來我們就要進一步地說明如何畫出 K 線圖形。瞭解 K 線圖的畫法之後，將有助於我們解讀各式各樣的 K 線圖所代表的意義。

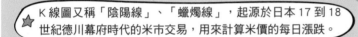

INFO　K 線原來如此！

- ★　K 線圖又稱「陰陽線」、「蠟燭線」，起源於日本 17 到 18 世紀德川幕府時代的米市交易，用來計算米價的每日漲跌。

- ★　K 線由「開盤價」、「收盤價」、「最高價」、「最低價」四個價位組成。中間的矩形稱為「實體」，實體代表開盤價和收盤價。

- ★　實體以上的細線是「上影線」，實體以下的細線是「下影線」。上下影線代表當天的最高價和最低價。

- ★　收盤價高於開盤價時（上漲），線段標示成紅色，稱為「陽線」，又稱「紅K線」。

- ★　收盤價低於開盤價時（下跌），線段標示綠色或黑色，稱為「陰線」，又稱「黑K線」。

- ★　若開盤價正好等於收盤價，那麼中間的實體線則成為一條扁的線型，搭配上下細線，形成「十字線」。通常畫成黃色或白色。當十字線出現在波段高點或低點時，代表即將要變盤（反轉）。

- ★　常用的 K 線有三種週期，分為「日K線」、「周K線」、「月K線」，在分析軟體中還經常用到「分鐘線」和「小時線」。

圖① K線示意圖

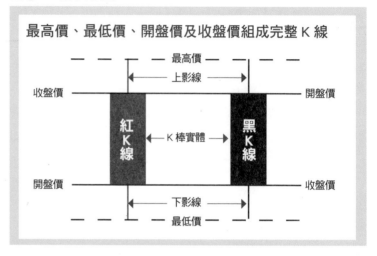

最高價、最低價、開盤價及收盤價組成完整 K 線

（圖中標示：最高價、上影線、收盤價、開盤價、紅K線、K棒實體、黑K線、開盤價、收盤價、下影線、最低價）

學會畫 K 線，對價格變化更有感

Q 要如何畫出 K 線呢？學會畫出 K 線會有什麼好處嗎？

A 要畫出 K 線圖形之前，得先要找出標的物（以下我們都是以股票為例說明之）的四個價格：分別是開盤價、收盤價、最高價與最低價。找出這四個價格之後，可以按照以下三個步驟，畫出該股票當天的 K 線圖。當你學會畫 K 線之後，對於股票價格的變化將更為敏感。因為經過一天的股票交易後，當天的開盤價、收盤價，盤中交易時的最高價和最低價就揭露了該日的價格行情。因此，學會畫 K 線，進而解讀各式各樣的 K 線變化，可以讓你對股票價格的漲跌和行情的走向，有一定的掌握。

Step ❶ 標示當天的開盤價和收盤價

首先，將當天標的個股的開盤價跟收盤價格，分別標示在方格紙上，再把它連結成長方形，就可以畫出 K 線的本體。從 K 線本體的長短可以看出開盤價和收盤價的高低差距，在實際交易時，可以從這個 K 線本體的長短，看出價格的強弱。

　　學習畫 K 線圖時，可以畫在方格紙上，較能掌握住前述四個價格的相對位置；如果要徒手畫在一般紙上，請用尺協助標示刻度，以免同樣是一元的差價，在 50 到 51 的價位長短，竟然與 51 到 52 的價位長短不一樣，這樣會影響到我們後續對於各種 K 線圖所代表的走勢之判斷。這是因為我們有一項基本假設，那就是每一個小單位都代表一定的交易量，如果長短不一，就會影響到我們對於後市的判斷。這一點在後面解說上影線、下影線時，我會再進一步地說明。

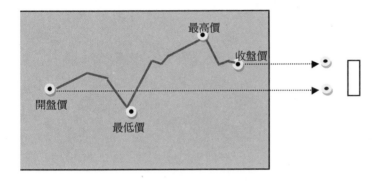

Step ❷ 標示出當天的最高價及最低價

接著，把標的股票當天的最高價及最低價標示出來，並用直線連接 K 線本體。從 K 線本體上下延伸而出的直線稱為「影線」；如果影線在上方，稱為「上影線」；如果影線位於下方，則稱為「下影線」。

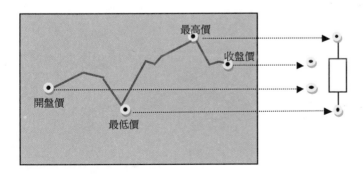

從當天股價的開盤價和收盤價的相對位置，可以看出當天的價格強弱；如果當天的收盤價高於今天的開盤價，表示尾盤時，投資人樂觀看待未來，追漲之下，最後股價上漲，稱為「收陽線」、「收紅盤」（除了紅色之外，某些技術分析軟體會以白色表示），也稱為「收紅 K 棒」。如果當天的收盤價低於今天的開盤價，表示尾盤時，投資人看淡未來，紛紛拋售股票，造成賣方力道大於買方，最後股價以低於開盤價的價格收盤，稱為「收陰線」、「收黑盤」（除了黑色之外，某些技術分析軟體會以綠色表示），也稱為「收黑 K 棒」。

坊間一般技術分析看盤軟體，不管是券商提供的，或是某些網站（例如 Yahoo！奇摩或是鉅亨網）免費提供的 K 線圖，其「紅 K 棒」不一定真的是紅色，有時候會以中空留白的形式表現；「黑 K 棒」也不一定真的是黑色的，有時候會是塗成綠色的。（美國股市的看盤軟體，綠色 K 線表示上漲；可是在臺股，如果一片綠油油，表示行情是慘跌的！）因此，讀者在運用時，必須特別注意你所使用的技術分析軟體顏色所代表的意義，以免因為顏色的差異而作出反方向的交易，導致下錯單，那可就太冤枉了。

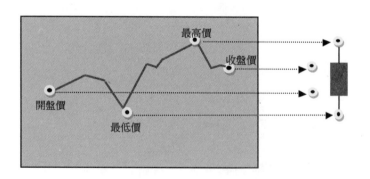

　　舉例來說，第 22 頁圖①左邊股票的收盤價比開盤價來得高，所以是價格上漲，表示當天「收紅 K」。右邊股票的收盤價卻是低於開盤價的，表示價格下跌，表示當天「收黑 K」。

　　如果今天的收盤價等於開盤價（如圖②），那麼 K 線的本體會成為「一」字，整個的 K 線就被稱為「十字線」；出現十字線時，往往有變盤（轉折）的味道，但是還得要觀察這個十字線出現的位置。

　　通常十字線如果出現在整個波段的相對高點，那就表示行情即將變盤──反轉向下；而十字線如果出現在整個波段的相對低點，那就表示行情即將變盤──反轉向上。

圖② 十字線

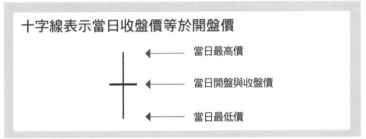

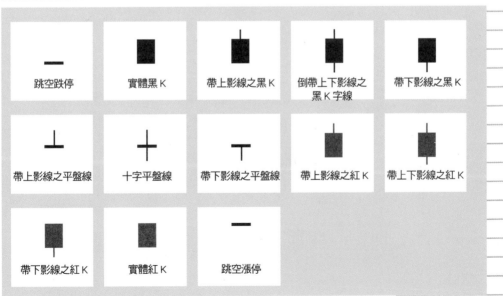

在底部區，出現低檔十字線，表示行情即將變盤（向上）

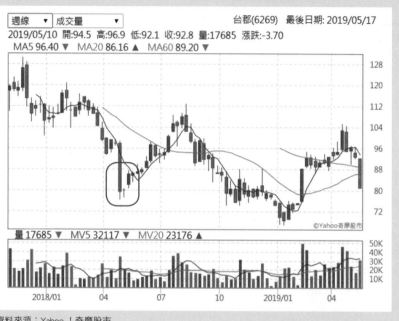

資料來源：Yahoo！奇摩股市

在頭部區，出現高檔十字線，表示行情即將變盤（向下）

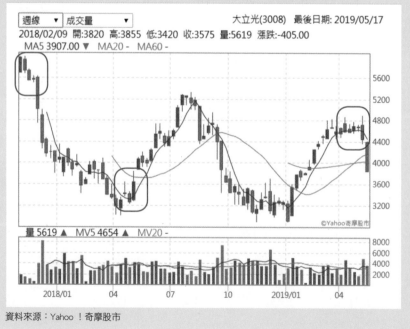

資料來源：Yahoo！奇摩股市

　　至於十字線應該是塗成紅色還是黑色呢？這可以根據今天的收盤價和昨天的收盤價高低來加以決定。如果今天的收盤價比昨天之收盤價要來得高，也就是上漲，那麼就是出現紅線（陽線）；如果今天的收盤價比昨天的收盤價要來得低，也就是下跌，那麼就是出現黑線（陰線）。

從 K 線看出當天的價格強弱

　　(Q) 畫出 K 線之後，該如何開始解構 K 線代表的意義呢？

　　(A) 從當天的 K 線「長相」，可以看出當天投資人對於該檔股票的後勢看法——是認為後勢看好，所以想買進的人多？還是對後勢的看法悲觀，想賣出的人多？這些都能夠從 K 線的顏色和 K 線本體的長短看出來，並且進一步解構該標的股票未來價格上漲或下跌的走勢強不強。

TIPS 紅 K、黑 K 線之判斷法則

以今天的開盤價與收盤價
之高低，作為比較準則

收盤價＞開盤價 ➡ 紅 K 線（收紅盤、收陽線）

開盤價＞收盤價 ➡ 黑 K 線（收黑盤、收陰線）

假設今天的
收盤價 = 開盤價

今天之收盤價＞
昨天之收盤價 ➡ 即 ▲（漲）：紅線（陽線）

今天之收盤價＜
昨天之收盤價 ➡ 即 ▼（跌）：黑線（陰線）

收紅 K，股價一定是上漲的嗎？收黑 K，股價一定是下跌的嗎？

(Q) 當我們看到股價收紅 K 線時，是不是表示當天一定是上漲的？而當我們看到股價收黑 K 線時，是不是表示當天一定是下跌的？

(A) 這是很多投資朋友會有的疑問。前面提到，如果「今天」的收盤價低於「今天」的開盤價，稱為收黑 K 棒。不過，所謂今天的股價上漲或下跌幾元，是將「今天」的「收盤價」與「昨天」的「收盤價」相比。因此，就有可能今天是收紅 K 棒，可是股價卻因為收盤價格仍低於昨天的收盤價格，於是股價還是呈現下跌幾元的情形。

之所以出現這種情況，主要是行情呈現開低走高的格局。當個股在開盤之前就因為某些利空消息的打壓，使得賣股票的力量大於買方的力量時，就會出現股價大幅度的開低；隨後，在盤中可能因為這些利空消息逐一被釐清，或者是因為股價被殺得太低，引發長線買盤逢低承接，又將股價往上拉抬，使得最後的收盤價格不像剛開盤時的股價那麼低，所以「今天」的收盤價高於「今天」的開盤價，就會收紅 K 棒了。但是，股價終究因為利空消息的干擾，使得「今天」的收盤價格比起「昨天」的收盤價格來得低，於是行情板上就會標示跌多少元的訊息。

同樣地，當有某些利多的消息在盤前發酵（例如接獲大的訂單、發布高於市場預期的財報數字等），一定會激起投資人的追捧，甚至不計代價要以漲停板價格買進，於是該支個股就會因為熱絡的買盤簇擁而在開盤時有亮眼的表現；有時候因為買方氣盛，甚至會以漲停板的價格開盤。可是到了盤中，消息逐漸沉澱之後，投資人發現這樣的利多消息撐不起這麼高貴的股價，或者有當沖客想要獲利了結，於是引發賣壓、激情消褪的結果，就是呈現開高走低的格局，最後收盤價低於今天的開盤價，於是產生收黑 K 棒的格局。但是

☆ K 棒 + 上、下影線，解讀個股未來走勢

雖然 K 棒只顯示四個價位，卻能因此解讀出不同的走勢。

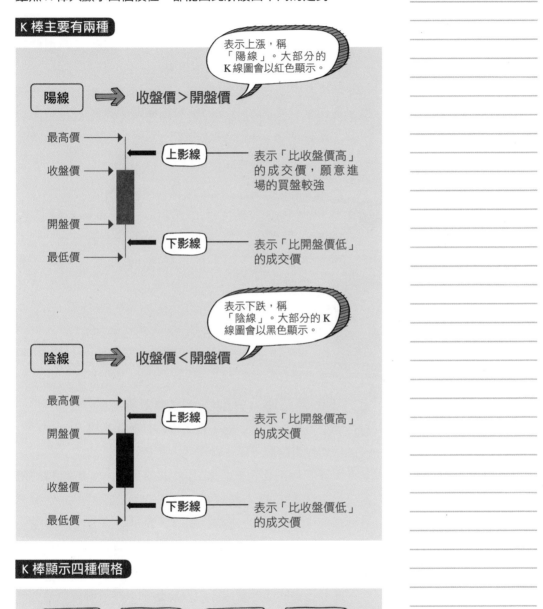

K 棒主要有兩種

表示上漲，稱「陽線」。大部分的 K 線圖會以紅色顯示。

陽線 ➡ 收盤價＞開盤價

最高價
上影線 —— 表示「比收盤價高」的成交價，願意進場的買盤較強
收盤價

開盤價
下影線 —— 表示「比開盤價低」的成交價
最低價

表示下跌，稱「陰線」。大部分的 K 線圖會以黑色顯示。

陰線 ➡ 收盤價＜開盤價

最高價
上影線 —— 表示「比開盤價高」的成交價
開盤價

收盤價
下影線 —— 表示「比收盤價低」的成交價
最低價

K 棒顯示四種價格

最高價　　收盤價　　開盤價　　最低價

股價還是因為利多消息的激勵，最後的收盤價還是比起「昨天」的收盤價來得高，因此，行情板上還是標示上漲若干元的訊息。

由上面簡短的分析，我們可以知道，收紅K棒不見得一定是上漲的；收黑K棒也不代表一定是下跌的。

如果我們進一步地深入研究，將會發現，前述這兩種情形都會留下很長的影線——第一種情形（收紅K棒股價卻下跌）會留下很長的下影線；第二種情形（收黑K棒股價卻上漲）則會留下很長的上影線。

收紅K或收黑K，不一定代表是漲是跌，只代表今天收盤價比開盤價高（紅）或低（黑）。

收紅K，卻留下很長的下影線 ➡ 收盤價比昨日還低，開低走高。

收黑K，卻留下很長的上影線 ➡ 收盤價比昨日高，開高走低。

上／下影線長短，分別表示壓力／支撐的力道

Ⓠ 那麼這些上、下影線，會透露出什麼訊息嗎？

Ⓐ 我們先來瞭解一下，什麼是上影線及下影線。

根據我們前面提到的畫出K線的步驟，上影線指的是當天最高價與K線本體的連結線部分；下影線指的是當天最低價與K線本體的連結線部分。既是如此，我們要進一步地解釋上影線跟下影線分別代表什麼意義。

首先，不管今天最後是收紅K棒還是黑K棒，在上影線買進者代表的都是當天「現買現虧」；在下影線買進者代表的都是當天「現買現賺」。怎麼說呢？讀者可以試想，如果今天是收紅K棒（表示收盤價在上方），那麼所有買在收盤價之上的上影線部分的價位區，統統都是現買現套、現

K 棒變化形	代表意義及解讀趨勢
長紅 K	K 棒實體較大，代表超強漲勢， 通常有以下兩種意涵： **1. 大利多消息出現** **2. 利空出盡，跌深谷底強勁反彈局勢**
長黑 K	K 棒實體較大，代表超猛跌勢， 通常有以下兩種意涵： **1. 大利空消息出現** **2. 利多出盡、高檔猛烈回跌局勢**
狀似蠟燭	**開盤價＝最低價** 如果已經跌很久了，突然出現這樣的型態，尤其上影線越短，越有可能是反轉的徵兆。
十字線	**開盤＝收盤** 買方和賣方的力道差不多，所以股價才會又回到開盤時的價格，通常出現在盤整的時候，有時候也會被解讀是變盤的徵兆。
T 字線	**開盤價、收盤價、最高價都相同。** 股價一開盤就下滑，但收盤時卻回到原點，代表買方願意逢低買進，有較強的承接力道，所以股價才能回升到原價。 常出現在股價打底時期，通常是跌勢的尾聲。
倒 T 字線	**開盤價、收盤價、最低價都相同。** 雖然開盤後股價上漲，但上漲力道不夠，投資人追價不足，最後又跌回開盤時的價格。 常出現在股價高峰階段，通常是漲勢的尾聲。
一字線	**跳空漲停或是跳空跌停。** 跳空漲停是代表某檔股票大家都搶著要，一開盤就以當日股價上限（10％）的漲停價開出，但賣家惜售，市場供不應求，所以股價一路維持在漲停價，直到收盤。 相反地，跳空跌停代表某檔股票大家搶著賣，一開盤就是以當日股價下限（10％）的跌停價賣出，賣家急於拋售（願意在當日的最低價賣出），但是賣不出去，市場供過於求，所以股價一路維持在跌停價，直到收盤。

買現虧（因為買進的成本比收盤價高）；而如果這條上影線又很長，表示今天在這段區間買進的人／成交量相對較多，也就是當天現買現套、現買現虧的人較多。若是收黑K棒的話，那麼這時候的收盤價在下方，上影線部分也是屬於現買現套、現買現虧；甚至於連K線本體部分，也是現買現套、現買現虧者。

同樣的道理，我們來說明下影線所代表的涵義。一樣先假設今天是收紅K棒（表示收盤價在K線本體上方），那麼所有買在收盤價之下的下影線部分的價位區，統統都是現買現賺者（因為買進的成本比收盤價低）；而如果這條下影線又很長，表示今天在這段區間買進的人／成交量相對較多，也就是當天現買現賺的人較多。若是收黑K棒的話，那麼這時候的收盤價在K線本體下方，下影線部分也是屬於現買現賺者，因為買進的成本還是比收盤價低；但是這時候K線本體部分還是屬於現買現套、現買現虧者。

因此，上影線愈長，表示今天的套牢者相對較多；這些人因為套牢了，可能就會成為明天潛在的賣壓，也就是明天的賣方力量相對較強。而下影線愈長，表示逢低買盤的承接力道愈強，支撐的力量也比較強。

心動也要
行動！

今天是 ＿＿＿ 年 ＿＿ 月 ＿＿ 日

我想投資的股票是 ＿＿＿＿＿＿＿＿ ，代號是 ＿＿＿＿＿

想買的原因是：

今天是 ＿＿＿ 年 ＿＿ 月 ＿＿ 日

我想投資的股票是 ＿＿＿＿＿＿＿＿ ，代號是 ＿＿＿＿＿

想買的原因是：

K 線基本類型說明

有了前面對於 K 線的畫法以及上、下影線基本的認知之後，接下來要進一步說明各種單一 K 線所代表的意義，還有要如何藉由各種 K 線的「長相」來預測個股未來可能的行情走勢。這當中的要領在於如何從各種 K 線圖形裡的實體與上／下影線的變化，觀察出買賣雙方力量的消長，進而推估未來如何變動的趨勢。

為了討論方便起見，我們會把 K 線的基本圖形畫出來，並藉由「還原」它在盤中可能的走勢，說明未來該支個股的強弱變化。

單元重點

- 認識單一 K 線代表的意義
- 從各式 K 線來預測個股的未來走勢

六種紅 K 線的基本圖形

第❶種

長紅 K 棒

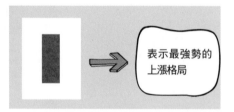

表示最強勢的上漲格局

Q 長紅 K 棒一般被認為是最強勢的上漲格局，這當中有什麼道理嗎？

A 我們把四個價位（也就是開盤價、收盤價、最高價和最低價）標注上去，可以發現這是一種開低走高的格局，今天的開盤價就是今天的最低價，而今天的收盤價就是今天的最高價；換句話說，今天開盤之後，買盤很是熱絡，在投資人極力搶進之下，股價步步高，最後收在今天的最高點。

如果股價走勢是出現這種格局的話，表示今天的盤勢很強，未來續強的機會非常高。如果在一連串的下跌過程當中，突然出現這種開低走高的格局，會是一種空頭反轉的訊號，表示股價已經跌得差不多了，即將要反轉向上。如果還

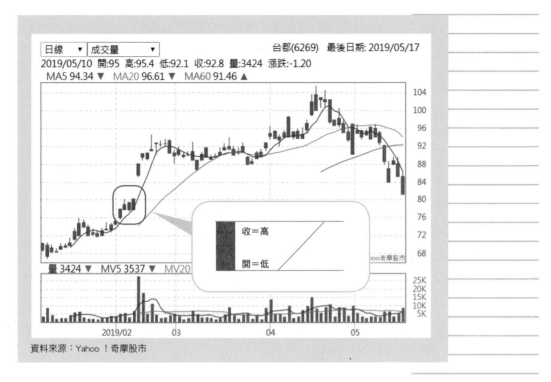

資料來源：Yahoo！奇摩股市

是在上漲的階段出現這種長紅 K 棒，就表示多頭走勢仍將
持續。

第❷種
帶有上影線的
紅 K 棒

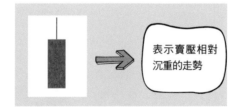

表示賣壓相對
沉重的走勢

Ⓠ 如果紅 K 棒卻有上影線的話，應該要怎麼解讀呢？

Ⓐ 當股價開平高盤之後，一路走高，上漲到今天的最高價
時，投資人認為股價漲得太高，不想繼續追漲、買不下手，
股價因而就漲不上去而回落；雖然有賣壓，但是仍然收在今
天的相對高點。因為上影線代表股價在上檔有壓力，如果上
影線較長，代表賣壓就較重，也就愈是看淡後市。

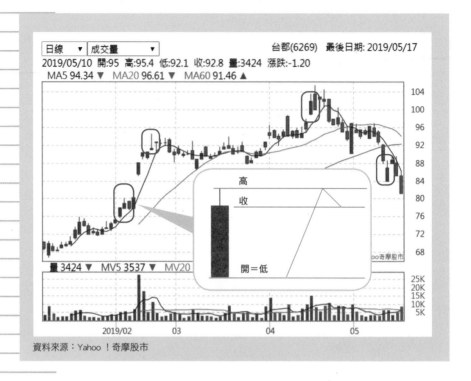

資料來源：Yahoo！奇摩股市

第❸種

帶有下影線的
紅K棒

代表支撐力
道相對較強
的走勢

Ⓠ 同樣是紅K棒卻有下影線的話，其走勢又應該要怎麼解讀呢？

Ⓐ 我們看到這個K線時，有兩種可能的走勢：

①股價有可能先漲後跌，再漲回今天的最高點收盤

開盤之後走高到今天的最高點（也就是今天的收盤價位置），因為遭逢壓力，股價被打下來到今天的最低點之後，逢低買盤湧進，卻是收在今天的最高點。

②股價有可能先跌後漲，收在今天的最高點

開盤之後出現下跌的局面，但股價雖然下跌、遭到壓抑，但是逢低買盤湧進，終場仍由多方勝出，表示投資人仍是看好後市。如果下影線較長，代表支撐力道就較強。

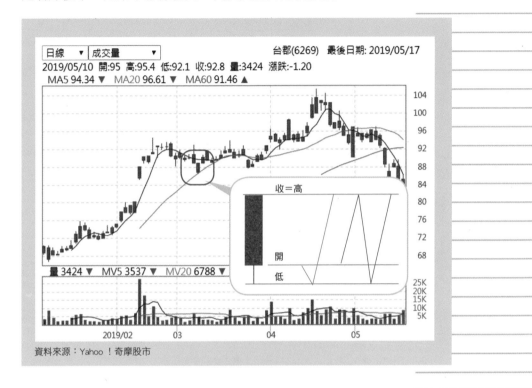

資料來源：Yahoo！奇摩股市

第❹種

帶有上下影線的
長紅K棒

代表多方仍掌握優勢

Ⓠ 如果紅K棒同時有上、下影線，有什麼地方要特別注意的嗎？

Ⓐ 如果上、下影線看起來一般長，有時會被稱為「迷線」，表示多頭略強的格局。這是因為上影線代表股價在上檔有壓力，當股價上漲到今天的最高價時，一方面投資人認為股價

漲得太高，不想繼續追漲、買不下手，股價就漲不上去；另外一方面，因為短線股價漲幅較大，乖離率（指的是跟均線相比的差離程度，可以參考之後章節的說明）過大，引發獲利了結的賣壓，壓過上漲的力道，因此出現了上影線。這時候上影線部分就成為短線股價上漲的壓力來源。

於此同時，當股價往下跌到今天的最低點時，因為投資人認為股價很便宜，又引發買盤進場，股價隨即往上，因此留下了下影線，這時候下影線部分就成為短線股價支撐的力道來源。而這種收紅 K 線的支撐力道顯然大於上漲壓力，因為支撐力道包含收盤價到開盤價這段的實體紅 K 棒。

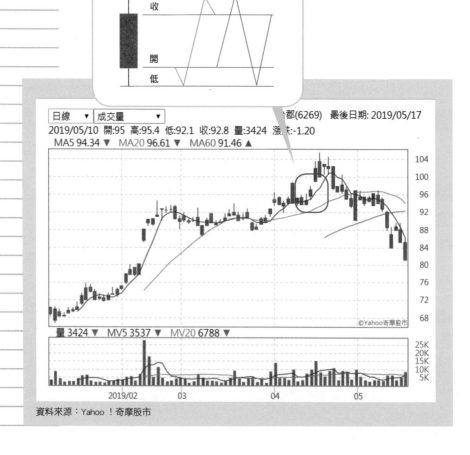

資料來源：Yahoo！奇摩股市

第❺種

下影線較長的
紅 K 棒

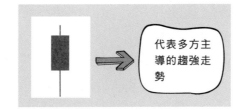

代表多方主導的趨強走勢

Q 如果紅 K 棒有上、下影線，可是下影線明顯較長的話，應該要怎麼解讀呢？

A 下影線較長的紅 K 棒，代表一種由多方主導的趨強走勢。這種紅 K 的走勢，類似前面第 4 種紅 K 棒的說明；只不過它因為下影線較長，所以支撐力道也相對較強，因此稱為是一種多方主導的趨強走勢。

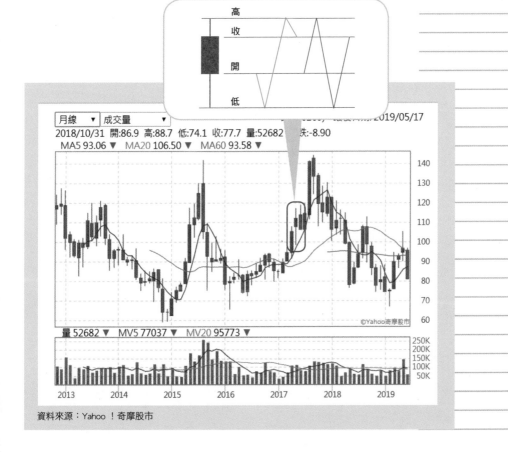

資料來源：Yahoo！奇摩股市

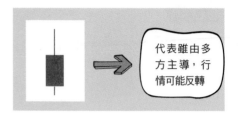

第 6 種
上影線較長的
紅 K 棒

代表雖由多
方主導，行
情可能反轉

Q 如果紅 K 棒有上、下影線，可是上影線明顯較長的話，應該要怎麼解讀呢？

A 這是一種雖由多方主導，但須注意行情有可能反轉的走勢。這種紅 K 的走勢，也是類似第 4 種紅 K 棒的說明；只不過因為它的上影線較長，代表上檔壓力較為沉重，所以潛在的賣壓也相對較大，所以要留意行情可能會反轉。

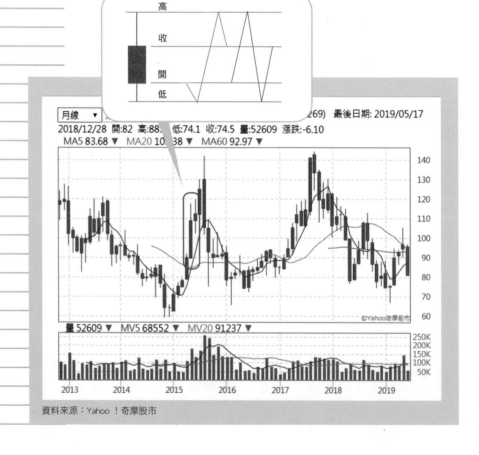

資料來源：Yahoo！奇摩股市

只要是收盤價高於開盤價的，就是收紅 K 棒 。不過要注意：紅 K 棒和指數收盤是漲是跌無關 ；上漲也可能是收黑 K 棒，下跌也可能是收紅 K 棒 。

 貼心小提醒：

雖然 K 棒可以記錄股價某天的表現，但是要提醒讀者：收紅 K 棒並不代表股價未來都是強勢的——要判斷未來股價是上漲或是下跌，還需要配合前面幾天 K 線圖的變化以及量能的增減，才能夠有較高的準確率。

六種黑 K 線的基本圖形

第❶種
長黑 K 棒

表示盤勢最弱勢的下跌格局

Q 長黑 K 棒一般被認為是最弱勢的下跌格局，這當中有什麼道理嗎？

A 長黑 K 棒表示下跌格局，而且盤勢最為弱勢。我們把四個價位（也就是開盤價、收盤價、最高價和最低價）標注上去，可以發現這是一種開高走低的格局。今天的開盤價就是今天的最高價，而今天的收盤價就是今天的最低價；換句話說，今天開盤之後，賣壓力道很強，在投資人極力賣出之下，股價逐步下跌，最後收在今天的最低點。

　如果股價走勢是出現這種格局的話，表示今天的盤勢很弱，未來續弱的機會非常高。如果在一連串的上漲過程當中，突然出現這種開高走低的格局，會是一種多頭棄守的訊號，表示股價已經漲得差不多了，即將要反轉向下。而如果還是在下跌的階段出現這種長黑 K 棒，就表示空頭走勢仍將持續。

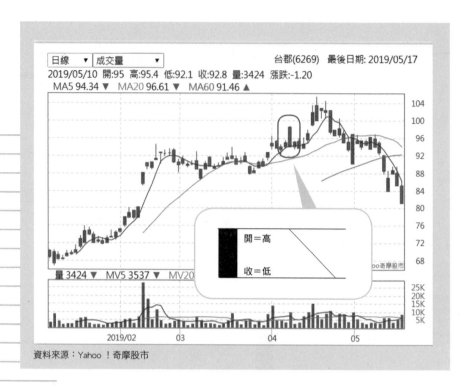

資料來源：Yahoo！奇摩股市

第2種

**帶有上影線的
黑K棒**

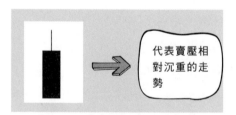

代表賣壓相
對沉重的走
勢

Q 如果是黑K棒，卻有上影線，這樣應該要怎麼解讀呢？

A 帶有上影線的黑K棒，代表賣壓相對沉重的走勢。走勢可能有兩種：

①當股價開平高盤之後，一路走高，上漲到今天的最高價時，投資人認為股價漲得太高，不想繼續追漲、買不下手，股價因而就漲不上去而回落；因為賣壓實在太大，最後收在今天的最低點。

②股價開低之後，雖然遇到逢低買盤的承接，股價力爭

上游，越過今天的開盤價位，終因上檔賣壓太重，漲不上去而回落，最後收在今天的最低點。

　　因為上影線代表股價在上檔有壓力；如果上影線較長，代表賣壓就較重，也就愈是看淡後市。

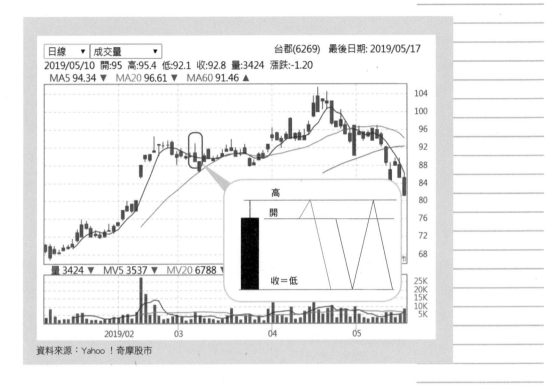

資料來源：Yahoo！奇摩股市

第❸種

帶有下影線的
黑 K 棒

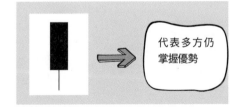

代表多方仍掌握優勢

Ⓠ 那如果是黑 K 棒卻有下影線，它的走勢又應該要怎麼解讀呢？

Ⓐ 帶有下影線的黑 K 棒，代表雖然下跌作收，卻是有支撐力道的走勢。這種帶有下影線的黑 K 棒的走勢說明了股

價開低之後，一路走低，一直到今天的最低點，但是逢低有買盤進場，最後收盤價比今天的最低點略為高些，留下下影線。如果下影線較長，代表支撐力道就相對較強。這種 K 線顯示股價在臨收盤前回升，可視為一種空頭試圖反撲的訊號，可惜力道不夠強，最後功敗垂成，只是收一道下影線。

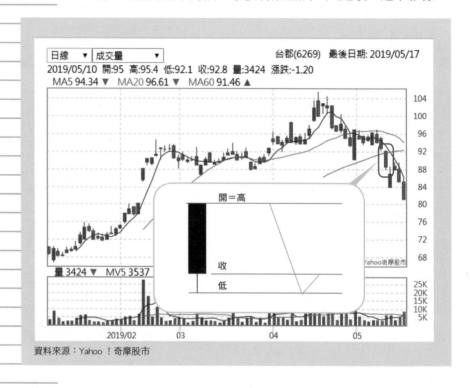

資料來源：Yahoo！奇摩股市

第❹種
帶有上下影線的
長黑 K 棒

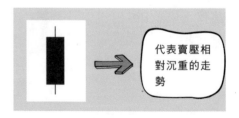

代表賣壓相對沉重的走勢

Ⓠ 如果是黑 K 棒同時有上、下影線，有什麼地方要特別注意的嗎？

Ⓐ 帶有上下影線的長黑 K 棒，代表空方仍然掌握優勢。

如果上下影線看起來一般長，有時會被稱為是「迷線」，是一種空頭略強的格局。這是因為上影線代表股價在上檔有壓力，當股價上漲到今天的最高價時，一方面投資人認為股價漲得太高，不想繼續追漲、買不下手，股價就漲不上去；另外一方面，因為短線股價漲幅較大，乖離率（指的是跟均線相比的差離程度，可以參考之後章節的說明）過大，引發獲利了結的賣壓，壓過上漲的力道，因此出現了上影線；這時候的上影線部分，就成為短線股價上漲的壓力來源。

於此同時，當股價往下跌到今天的最低點時，因為投資人認為股價很便宜，又引發買盤進場，股價隨即往上，因此留下了下影線；這時候的下影線部分，就成為短線股價支撐的力道來源。而這種收黑 K 線的上漲壓力顯然大於支撐力道，因為壓力帶包含收盤價到開盤價這段的實體黑 K 棒。

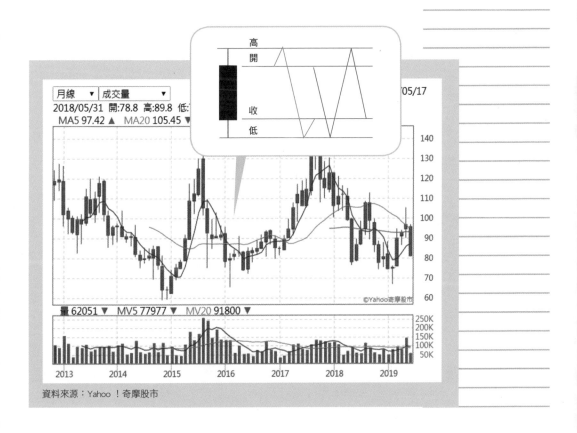

資料來源：Yahoo！奇摩股市

下影線較長的
黑 K 棒

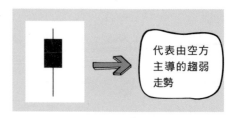

代表由空方
主導的趨弱
走勢

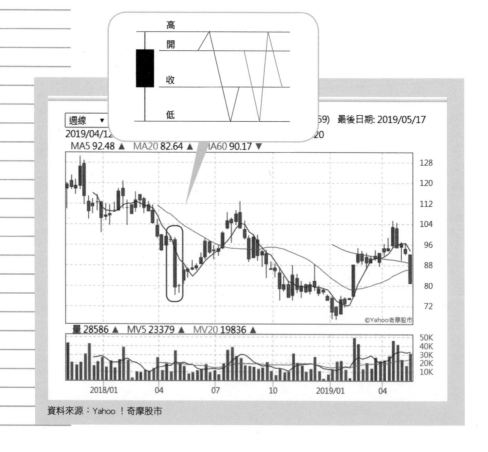

Q 如果黑 K 棒有上、下影線，可是下影線明顯較長，這又要如何解讀呢？

A 如果看到下影線較長的黑 K 棒，表示這是一種由空方主導的趨弱走勢。這種黑 K 的走勢，類似第 4 種的帶有上下影線的黑 K 線所說的空方較強的走勢，只不過因為它的下影線較長，所以支撐力道也相對較強，可以視為多頭試圖反攻，但功敗垂成的弱勢線。

高
開
收
低

週線 ▼   59) 最後日期: 2019/05/17
2019/04/12   20
MA5 92.48 ▲ MA20 82.64 ▲ MA60 90.17 ▼

©Yahoo奇摩股市

量 28586 ▲ MV5 23379 ▲ MV20 19836 ▲

資料來源：Yahoo！奇摩股市

第❻種

上影線較長的
黑 K 棒

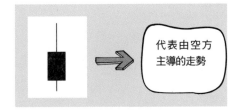

代表由空方主導的走勢

Q 如果黑 K 棒有上、下影線，可是上影線明顯較長的話，應該要怎麼解讀呢？

A 上影線較長的黑 K 棒，也是一種由空方主導的走勢。這種黑 K 的走勢，和第 4 種帶有上下影線的黑 K 線所說、空方較強的走勢差不多；只不過，因為它的上影線較長，代表上檔壓力較為沉重，所以潛在的賣壓也相對較大，因此原本就是由空方主導的走勢，再加上較長的上影線，表示空方力道仍強。

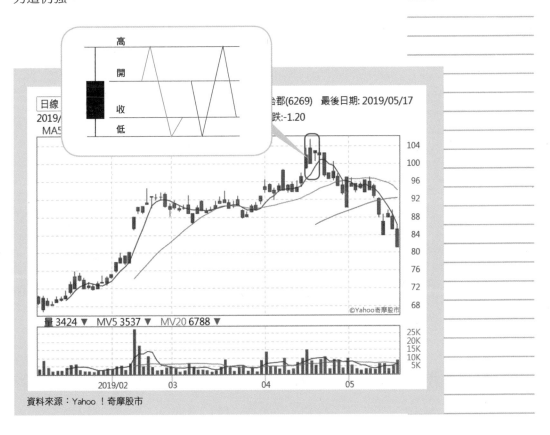

資料來源：Yahoo！奇摩股市

貼心小提醒：

只要是收盤價低於開盤價的，就是收黑K棒 。不過要注意：黑K棒與指數收盤是漲是跌無關 ；上漲也可能是收黑K棒，下跌也可能是收紅K棒 。

 貼心小提醒：

雖然K棒可以記錄股價某天的表現，但是要提醒讀者：收黑K棒並不代表股價未來都是弱勢的——要判斷未來股價是會上漲還是下跌，還需要配合前面幾天K線圖的變化以及量能的增減，才會有比較高的準確率。

四種十字線基本圖形

第❶種
十字線

（Q）如果收盤價等於開盤價，應該要怎麼解讀呢？

（A）如果收盤價等於開盤價的話，我們稱為十字線。出現十字線K線時，通常有變盤的意味在；因為買賣雙方在盤中激烈交戰之後，最後收盤又回到開盤的位置。也就是說，今天的收盤價等於今天的開盤價。

　　一般認為，如果十字線出現在波段的相對高點，那麼極有可能股價將轉趨空頭；也就是股價即將反轉向下。而如果十字線出現在波段的相對低點，那麼極有可能股價將轉趨多頭；也就是股價即將反轉向上。在這個時候，十字線又被稱為「變盤線」。

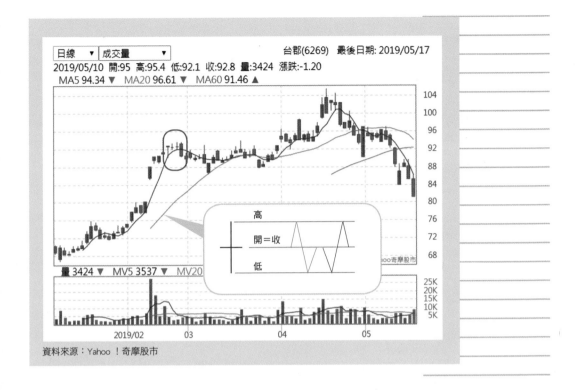

資料來源：Yahoo！奇摩股市

第❷種

倒 T 字線

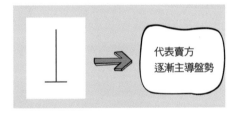

代表賣方
逐漸主導盤勢

(Q) 如果收盤價等於開盤價（也是當天的最低價），我們應該如何解讀？

(A) 這種線圖稱為倒 T 字 K 線，有人稱之為避雷針。這是一種行情看跌的走勢。當股票開盤之後，有了利多因素支撐，雖然股價一路走高，但是盤中遇到壓力，股價開始往下掉，最後空方勝出，股價又回到今天的開盤價。如果這種 K 線型態是出現在波段高檔區，我們就必須特別小心，因為賣方的力量強過買方，也許股價即將要反轉向下。

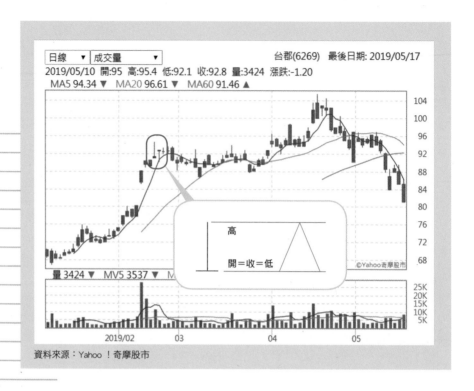

日線 ▼ 成交量 ▼　　　　　台郡(6269)　最後日期: 2019/05/17
2019/05/10 開:95 高:95.4 低:92.1 收:92.8 量:3424 漲跌:-1.20
MA5 94.34 ▼　MA20 96.61 ▼　MA60 91.46 ▲

高
開＝收＝低

©Yahoo奇摩股市

量 3424 ▼　MV5 3537 ▼

2019/02　　　03　　　04　　　05

資料來源：Yahoo！奇摩股市

第❸種

正 T 字線

代表盤勢轉折，偏多走勢

Q 如果收盤價等於開盤價，也是當天的最高價的話，應該怎麼解讀呢？

A 這種線圖稱為正 T 字 K 線，出現正 T 字線，這是一種偏多味道較濃的走勢。當股票開盤之後，雖然遇到利空因素一路走低，但是盤中遇到拉抬力道，股價開始往上漲，最後多方勝出，股價又回到今天的開盤價。如果這種 K 線型態是出現在波段低檔區，那麼就透露出探底回升之意，因為買方的力量強過賣方，有轉機的味道，較有利於多方，也許股價即將要反彈向上。

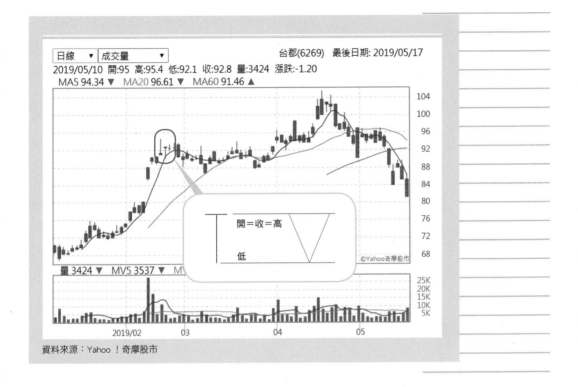

資料來源：Yahoo！奇摩股市

第❹種

一字線

代表盤勢
飆漲或飆跌

Q 如果當天的四個價位都是同一個價位，我們該如何解讀呢？

A 當天的四個價位都是同一個價位的話，稱為一字線；出現一字線時，是一種飆漲或飆跌的走勢型態。股價一開盤，就是跳空漲停或跌停，一價到底，盤中沒有出現漲停打開或是跌停打開的情形，終場收盤價等於開盤價，也等於今天的最高價以及最低價。換句話說，今天的開盤價等於今天的收盤價，也等於今天的最高價以及最低價；四個價位都是一樣，就會形成這種 K 線的型態。

這種一字線的走勢，表示一開盤，股價就因為利多消息滿天飛，所有投資人不計代價地極力搶進、賣方惜售，結果漲停一價到底。另外一種可能就是，一開盤，股價就因為利空消息肆虐，所有投資人不計代價地極力拋售股票、沒有買盤，結果跌停一價到底。這種買不到（漲停）或賣不掉（跌停）的飆漲或飆跌，如果搭配成交量以及委買、委賣的委託量來判定，可以預測後續是否將續漲或續跌。

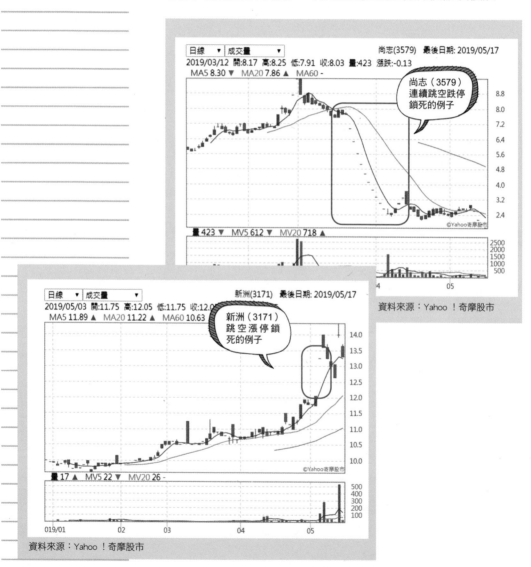

資料來源：Yahoo！奇摩股市

資料來源：Yahoo！奇摩股市

陽線基本圖型		
圖形	名稱	走勢
	大陽線	超強漲勢的長紅K棒
	大陽下影線	低檔有撐且趨強
	大陽上影線	上檔賣壓的長紅K棒
	小陽線	方向不明、多方稍強
	上影小陽線	多方主導、上檔壓力較大
	下影小陽線	多方強勢，支撐力道強
	陽線鐵鎚線	在低檔區後市看漲

陰線基本圖型		
圖形	名稱	走勢
	大陰線	超弱跌勢的長黑K棒
	大陰下影線	低檔有支撐力道
	大陰上影線	上檔有壓力、空方較強
	小陰線	方向不明、空方稍強
	上影小陰線	空方主導；上檔壓力較大
	下影小陰線	空方強勢，低檔有支撐
	陰線鐵鎚線	在高檔區後市看跌

十字線基本圖型		
圖形	名稱	走勢
	大十字線	多空勢均力敵，注意出現的位子，有可能是變盤的信號
	下影十字線	下檔有撐，多方較有利
	上影十字線	上檔賣壓重，空方較有利
	T字線	下檔有撐，多方有利V型反轉
	倒T字線	上檔賣壓重，高檔須留意
	一字線	飆漲或是飆跌

複合式 K 線型態這樣看：從中找趨勢以及最佳進出場時間點

我們在前面的章節已經介紹了 K 線的基本概念，以及 K 線的畫法，甚至還有各種 K 線的形狀分別代表哪些多空、強弱的意義。在這個單元當中，我們將進一步介紹所謂的「複合 K 線」——也就是兩個以上的 K 線在一起的話，又可以從中分辨出那些多空、進出的訊息？如果讀者可以多加揣摩，相信透過觀察各種 K 線的排列組合，對於盤勢的多空走勢，一定會更加瞭然於心！

* 認識複合 K 線，分辨多空與進出的訊息
* 介紹多種排列組合，做出更有利的決策

Ⓠ 我們已經知道可以從單根 K 線來推測股價的強弱勢，那麼如果有連續兩根或兩根以上的 K 線排列在一起，是不是會有更多的訊息，讓我們可以較精確地判斷後續的走勢呢？

Ⓐ 的確如此。因為股票每天都有交易，而且也因為時時刻刻都有新的資訊〔例如重大的利多消息（新接訂單）或是重大的利空消息（廠房失火）〕加進來，因此，股價也有可能分分秒秒都在產生變化。這個時候，如果能夠蒐集更多的訊息，肯定有助於我們作出相對應的決策。現在，我們就先把兩根 K 線加以排列組合，來說明當這種組合型態出現的時候，應該要怎麼解讀。

兩根 K 線的組合

這種複合 K 線的組合方式是兩根都是紅 K 線，但是後面 K 線的高點，會略高於前面 K 線的高點（表示連著兩天的收盤價

都是高於開盤價，而且第二天的收盤價又高於前一天的收盤價，也就是股價上漲）；另外，後面 K 線的低點也會高於前面 K 線的低點，表示每天的開盤力道強過前一天。這種複合型態，被認為該個股正處於上漲型態，就好像是太陽正從山谷往上升的樣子。因此，市場上有人稱此型態為「日出」或「出頭」。我們還可以按照上漲力道的強弱，再細分成以下幾種情境：

① 空頭反撲

在上漲的過程當中，往往會發生雖然股價每天都在上漲，但是空頭卻不願意認輸的情況。因此，雖然股價強勢表態，已經是拉出

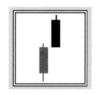

一條長紅 K 線，但是之前作空的人，卻還不願意俯首稱臣，於是接下來一天的走勢，空頭勢力集結反撲，就會出現前面的 K 線是長紅、緊接著後面卻出現長黑 K 線的情形；而且後面的長黑收盤價位，幾乎與前面的長紅收盤價位相等。就我們之前提到過的，後面長黑 K 線，表示空頭力道加強、

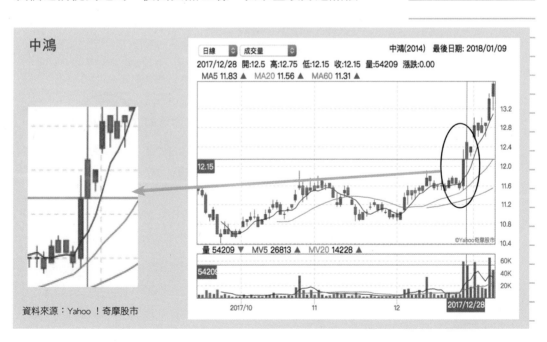

中鴻

資料來源：Yahoo！奇摩股市

局勢偏弱，但由於收盤價依舊收在前面長紅 K 線之相對強勢區，所以還需要有另外 K 線的表態，才能夠確認後續是繼續上漲，或是多空是否就此反轉易位。

以中鴻（2014）2017 年 12 月 27 日的表現為例：當天收在 12.15 元，隔天 2017 年 12 月 28 日也是收在 12.15 元。此時多空不明，尚待分辨，後續接連出現兩根紅 K 線，才因此得以確認為上漲的走勢。

② 空頭力道加強

這種組合跟前面①的情況比較起來，顯現出空頭的反撲力道更為強勁。這是因為後面出現的不僅是長黑 K 線，而且它長黑收盤價的價位，已經侵門踏戶到接近前面長紅 K 線的一半甚至以上，表示空頭的力道更強，尾盤的殺盤力道使得昨天原本以為現買現賺的人，有一半以上幾乎已經進入短套（虧錢）的狀態。雖然如此，還是要有後續 K 線的表態，才能夠確認空頭是否扭轉局面，進而轉趨上風。

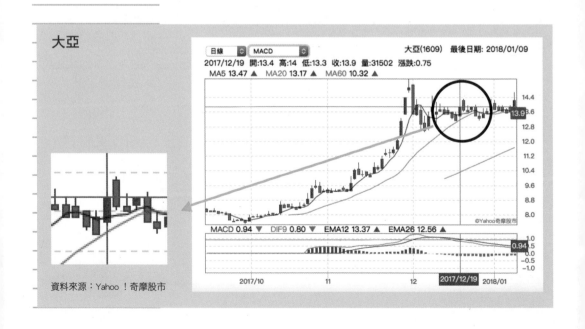

大亞

資料來源：Yahoo！奇摩股市

以大亞（1609）2017 年 12 月 19 日的表現為例：當天收 13.9 元，隔天 2017 年 12 月 20 日收 13.7 元，且低於前日的中線價位，後勢看空。

③空頭反撲力道最強

市場上，有人稱此型態為「烏雲罩頂」。相較於②，這種 K 線組合的空頭反撲力道更強，因為後面的長黑 K 線的收盤價，已經低於前面長紅 K 線的一半以下。出現這種 K 線組合時，多空易位的機會更大，但建議還是要看接續下來的 K 線表現，再來定奪多空走勢較為恰當。

以華邦電（2344）2018 年 1 月 3 日的表現為例：當天收在 24.8 元，隔天 2018 年 1 月 4 日收在 24.5 元，但之後連續的兩根黑 K 線確認它已經是轉多為空。

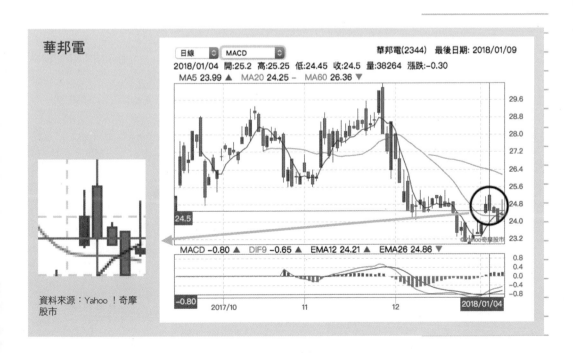

華邦電

資料來源：Yahoo！奇摩股市

兩根長黑 K 線

　　這種複合 K 線的組合方式是兩根皆為
黑 K 線，但是後面 K 線的高點會低於前面
K 線的高點（表示連著兩天的收盤價都是低
於開盤價，而且第二天的收盤價又低於前一天的收盤價，表
示股價下跌）。另外，後面 K 線的低點，也是低於前面 K
線的低點。這種複合型態，視為該個股正處於下跌趨勢，市
場上有人稱此型態為「日落」或「落尾」，好比太陽正要下
山的樣子，也就是說它趨勢是向下的。我們還可以按照下跌
力道的強弱，再細分成以下幾種情境：

① 多頭反攻

在下跌的過程當中，往往會發生雖然股價每
天都在下跌，但是多頭卻不願意就此認輸的
情況。因此，雖然股價弱勢表態，已經是拉
出一條長黑 K 線，但是之前作多的人，卻還不願意俯首稱
臣，於是接下來一天的走勢，多頭勢力集結反攻，就會出現

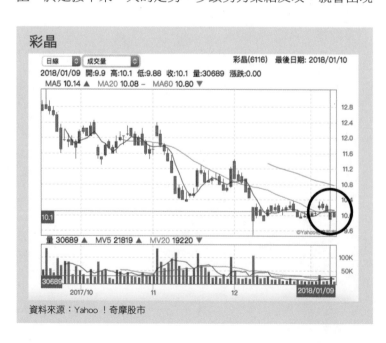

資料來源：Yahoo！奇摩股市

前面的K線是長黑、緊接著後面卻出現長紅K線的情形，而且後面的長紅收盤價幾乎與前面的長黑收盤價相等。就我們之前提到過的，後面長紅K線，表示多頭力道加強、局勢偏強，但由於收盤價依舊收在前面長黑K線之相對弱勢區，所以還需要有另外K線的表態，才能夠確認後續是繼續下跌，或者多空是否就此反轉易位。

以彩晶（6116）在2018年1月8日的表現為例：當天收在10.1元（黑K線），隔天2018年1月9日收在10.1元（紅K線），但之後的一根黑K線，使得盤勢必須偏空解讀。

② 多頭力道逐漸加強，試圖扭轉劣勢

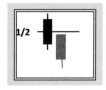

這種K線的組合和前面①的情況比較起來，多頭試圖反撲的力道更為強勁。從後面出現的不僅是長紅K線，而且它的長紅收盤價已經侵門踏戶到接近前面長黑K線的一半甚至以上，這表示多頭反撲的力道更強。不過，仍然得要有後續出現長紅K線的表態，才能夠確認多頭是否已經扭轉劣勢，

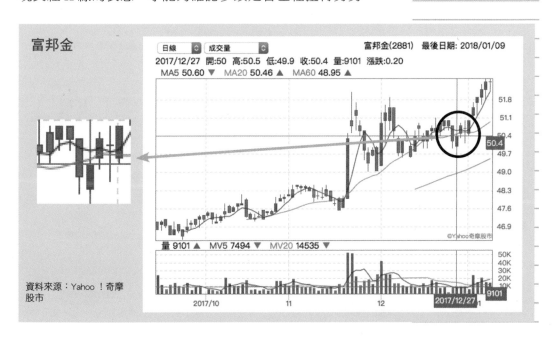

富邦金

資料來源：Yahoo！奇摩股市

進而轉趨上風。

以富邦金（2881）2017 年 12 月 26 日的表現為例：當天收在 50.2 元，隔天 2017 年 12 月 27 日收在 50.4 元，出現長紅 K 線，而且收盤價是在前面長黑 K 線的一半左右，有逐漸收復失土的態勢，於是可以偏多解讀。

③ 多頭反撲力道最強，市場上也有人稱為「曙光乍現」

相較②，這種 K 線組合的多頭反攻力道更強。因為後面的長紅 K 線收盤價，已經高於前面長黑 K 線的一半以上。當出現這種 K 線組合時，多頭力道更強，多空易位的機會

也就更大。但建議我們還是要看接續下來的 K 線，是否出現連日的紅 K 棒，再來定奪多空走勢較為恰當。

以訊芯（6451）在 2018 年 1 月 8 日的表現為例：當天收在 146.5 元，隔天 2018 年 1 月 9 日收在 151.5 元，雖然長紅 K 線有吞噬前面空方力道的態勢，但是後續的長黑 K 棒，卻也只能作偏空解讀。

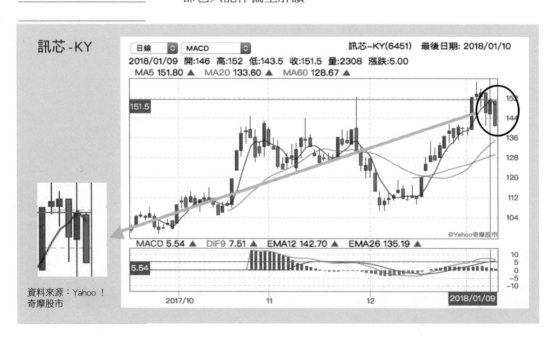

訊芯-KY

日線　MACD　訊芯-KY(6451)　最後日期: 2018/01/10

2018/01/09 開:146 高:152 低:143.5 收:151.5 量:2308 漲跌:5.00

MA5 151.80 ▲　MA20 133.60 ▲　MA60 128.67 ▲

MACD 5.54 ▲　DIF9 7.51 ▲　EMA12 142.70 ▲　EMA26 135.19 ▲

資料來源：Yahoo！奇摩股市

— 60 —

母子 K 線

這是一種前面長、後面短的組合型態，像是母親懷孕的樣子，所以市場又稱為「孕育」。這種 K 線的形狀是前面長（稱為「母」）、後面短（稱為「子」）。這種組合使得後面 K 線的高點低於前面 K 線的高點，然而，後面 K 線的低點卻是高於前面 K 線的低點。這是一種行情逐漸收斂的型態，表示雖然每天都是紅 K 線，但是走勢不再那麼凌厲，暫時進入觀望調整的狀態，甚至最後是下跌的（今天的收盤價雖然高於今天的開盤價，卻低於昨天的收盤價）。後續依據多空力道的強弱，還可以再細分為以下幾種情境：

① 黑母子，市場上也有人稱為「陰母子」

這是一種不論前面的「母線」是紅 K 線或是黑 K 線，但如果後面的「子線」K 線是收黑棒，就被稱為「黑母子」或「陰母子」。
這雖然也是一種行情逐漸收斂的型態，但因為接續的是黑 K 棒，後勢通常仍以偏空解讀居多。

② 紅母子，市場上也有人稱為「陽母子」

這是一種不論前面的「母線」是紅 K 線或黑 K 線，但如果後面的「子線」K 線是收紅 K 棒，就被稱為「紅母子」或「陽母子」。
這雖然也是一種行情逐漸收斂的型態，但因為接續的是紅 K 棒，後勢通常仍以偏多解讀居多。

子母 K 線

這種 K 線的形狀是前面短（稱為子）、後面長（稱為母），跟母子 K 線左右相反，又稱為「懷抱、吞噬」。這種組合使得後

面 K 線的高點高於前面 K 線的高點，然而，後面 K 線的低點卻低於前面 K 線的低點。這是一種行情逐漸擴散的型態，表示每天都是黑 K 線，而且走勢已經開始變得更為弱勢，投資人雖然暫時進入觀望調整的狀態，但因為最後是下跌的（今天的收盤價低於今天的開盤價，同時也低於昨天的收盤價）。後續依據多空力道的強弱，還可以再細分為以下幾種情境：

① 黑子母，又稱為「陰子母」

這是一種不論子線是紅 K 線或是黑 K 線，如果後面的母線 K 線是收黑 K，就被稱為「黑子母」或「陰子母」。這也是一種行情逐漸擴散的型態，後勢通常以偏空解讀居多。

② 紅子母，又稱為「陽子母」

這是一種不論子線是紅 K 線或是黑 K 線，如果後面的母線 K 線是收紅 K，就被稱為「紅子母」或「陽子母」。這也是一種行情逐漸擴散的型態，後勢通常以偏多解讀。

③ 長黑危樓

這是一種不論子線是紅 K 線或是黑 K 線，如果後面的母線 K 線是收黑 K，而且是長黑 K 線的話，市場就稱之為「長黑危樓」。這是一種空頭勢力強大、強烈表態的特徵，此後的行情將逐漸偏空。

以宏泰（1612）在 2017 年 12 月 1 日的表現為例：當天收在 10.7 元，是為長黑 K 線，後續應偏空解讀。結果持續跌到 2017 年 12 月 20 日以 10.55 元收紅 K 線之後，才開始有反轉向上的跡象。

宏泰

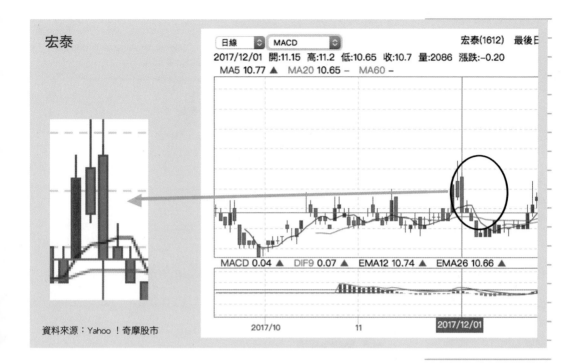

日線 ▼ MACD ▼ 宏泰(1612) 最後E

2017/12/01 開:11.15 高:11.2 低:10.65 收:10.7 量:2086 漲跌:–0.20

MA5 10.77 ▲ MA20 10.65 － MA60 －

MACD 0.04 ▲ DIF9 0.07 ▲ EMA12 10.74 ▲ EMA26 10.66 ▲

2017/10 11 2017/12/01

資料來源：Yahoo！奇摩股市

④ 長紅玉柱

這是一種不論子線是紅 K 線或是黑 K 線，
如果後面的母線 K 線是收紅 K，而且是長
紅 K 線的話，市場就稱之為「長紅玉柱」。
這是一種多頭勢力漸強、強烈表態的特徵，此後的行情將逐
漸偏多。

以華通（2313）在 2017 年 12 月 29 日收 38.4 元，接下
來 2017 年 1 月 2 日收 40 元長紅 K 線，大量收復失土，於
是後勢可以偏多解讀。

 貼心小提醒：

實務上，不管是母子或是子母 K 線出現在適當的位子，可以視為變盤的訊號，
解說如下：

當股價持續走低，如果在相對低檔的位置，出現了母子或子母 K 線，可望有
變盤的契機；尤其如果出現的是「紅子母」（陽子母）型態的話，變盤轉強
的機率會更高。

華通

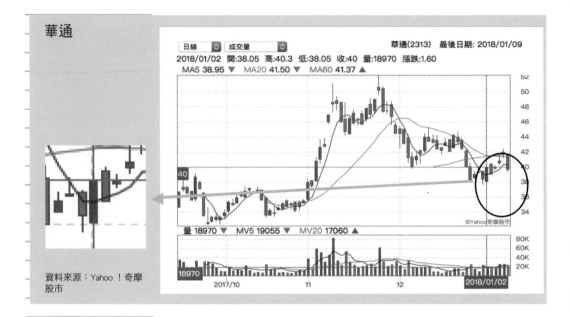

資料來源：Yahoo！奇摩
股市

相反地，如果股價持續走高，但是在相對高檔的位置，卻出現母子或子母Ｋ
線，這時走勢也有可能變盤，反轉向下。尤其出現的是「黑子母」（陰子母）
型態的話，變盤轉弱的機率會更高。

母子或子母型態雖然可用來預測變盤的可能，但仍需進一步確認；關鍵在於
之後的Ｋ線走勢是否出現較為明朗的突破型態。

如果母子或子母Ｋ線不是出現在相對低檔或是相對高檔的位置，那麼只能視
為走勢在經歷一段殺盤或攻擊之後，短暫的休息而已，市場有人稱之為「中
繼」；在中繼之後，就需要繼續看看是否有足夠的幅度及力道，能讓走勢繼
續沿著原來的方向前進。因為，如果是在相對高檔或相對低檔的位置，攻擊
力道容易出現欲振乏力，於是就會發生變盤（改變原來的趨勢，反轉向上或
向下）。

雙 K 同頂

這是一種兩根 K 線最高價等高的情形，這兩根 K 線是黑 K 或紅 K 都可以。如果後者 K 線為黑 K 線，通常代表在等高點附近有比較大的賣壓；若是在高檔區出現這樣的情形，接下來的行情多半會是往下修正。

以中信金（2891）在 2017 年 12 月 18 日的表現為例：當天收在 20.6 元（也是最高價），隔天 2017 年 12 月 19 日的開盤價在 20.6 元（也是最高價），形成雙 K 同頂的格局。但因為是在高檔區出現這種格局，於是後勢偏空看待。

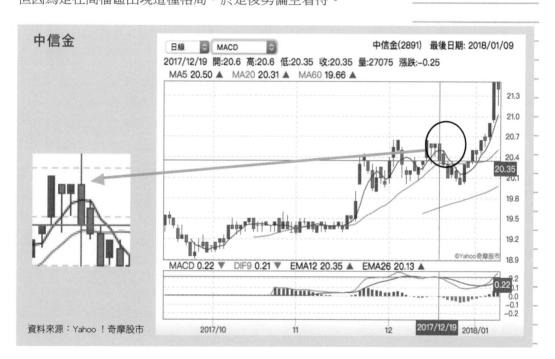

中信金

日線　MACD　中信金(2891)　最後日期: 2018/01/09
2017/12/19 開:20.6 高:20.6 低:20.35 收:20.35 量:27075 漲跌:-0.25
MA5 20.50 ▲　MA20 20.31 ▲　MA60 19.66 ▲

MACD 0.22 ▼　DIF9 0.21 ▼　EMA12 20.35 ▲　EMA26 20.13 ▲

©Yahoo奇摩股市

資料來源：Yahoo！奇摩股市

雙 K 同底

這是一種兩根 K 線最低價等高的情形，這兩根 K 線是黑 K 或紅 K 都可以。如果後者 K 線為紅 K 線，通常代表在低點附近有比較大的買盤支撐力道；若是在低檔區出現這樣的情形，接

下來的行情多半會是向上反彈。

　　以川飛（1516）在 2018 年 1 月 2 日的表現為例：當天收在 14.95 元，但是它的最低點為 14.75 元，也是前一個營業日 2017 年 12 月 29 日的最低點 14.75 元。但因為是在相對低檔區出現這種格局，所以後勢偏多看好。

川飛

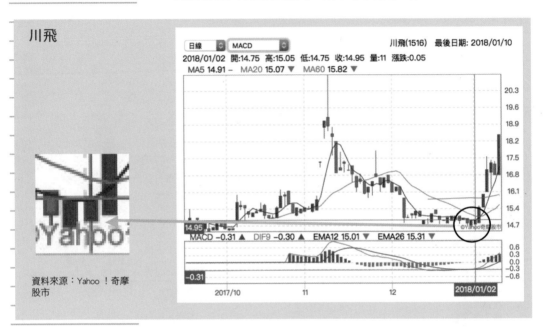

| 日線 | MACD | 川飛(1516)　最後日期: 2018/01/10 |

2018/01/02 開:14.75 高:15.05 低:14.75 收:14.95 量:11 漲跌:0.05
MA5 14.91 ▲ MA20 15.07 ▼ MA60 15.82 ▼

MACD −0.31 ▲ DIF9 −0.30 ▲ EMA12 15.01 ▲ EMA26 15.31 ▲

−0.31

2017/10　　11　　12　　2018/01/02

重點 雙 K 同頂和同底一樣，具有前面所提到的母子與子母型態的特點，只是多了支撐與壓力的關鍵參考價位。我們說明如下：

雙 K 同頂的頂點，可視為是短線的壓力所在。由於母線與子線兩者都無法突破同一個高點，所以，這個高點就可以視為是短線的壓力（套牢區）所在；往後在股價還沒有突破這個價位之前，解套（或是獲利了結）的賣壓始終存在，股價也因而不容易大幅度地上漲。

相反地，雙 K 同底的低點，可視為是短線的支撐所在。由於母線與子線兩者都沒有跌破同一個低

點，所以，這個低點就可以視為是短線的支撐（底部區）所在；往後在股價還沒有跌破這個價位之前，都可以視為在此附近盤整，等待突破向上的契機。

三根 K 線

① 三根長紅 K 線，市場又稱為「紅三兵」

股價出現連收三根長紅 K 線時，後勢持續看漲的情況居多。這是因為連續三天的開盤價都比較低，但是收盤價卻屢創新高（因此收紅 K 線），說明市場裡目前有一股多頭力量，正逐步推動股價向上攀升。如果紅三 K 是在盤整後期才出現，而且伴隨成交量逐漸放大的情形時，通常會是另外一波行情發動的前奏，投資朋友可以密切關注、把握時機。特別的是，如果連三紅的「紅三兵」出現在下降趨勢當中，可視之為很強的市場反轉向上信號，投資朋友自然不能錯過即將到來另一波上漲的契機。

② 三根紅 K 線，第三根紅 K 線卻留下較長的上影線

這是一種前面的兩根 K 線都是以長紅 K 線作收，但是第三根紅 K 線卻留有較長上影線的型態。這和前面的紅三兵相比，表示連續上漲到此，已經面臨有較大的上檔賣壓需要克服；若是在相對較低檔的底部區，出現了這種型態的連三紅 K 線，代表多方力道即將再次轉強的攻擊訊號。若是在相對高檔區出現這種型態的連三紅 K 線，則是需要注意是否有上漲力道耗竭的疑慮。一旦之後的三根 K 線的低點都被跌破的話，表示賣壓很重，可能迎來另外一波下跌走勢，多頭部位應該就要退出，觀望為宜。

以日馳（1526）在 2018 年 1 月 4 日的表現為例：連續的三紅兵，後市雖然見到一支留有上影線的紅 K 棒，但隨後的長紅 K 棒配合量能增溫，後勢傾向看漲。

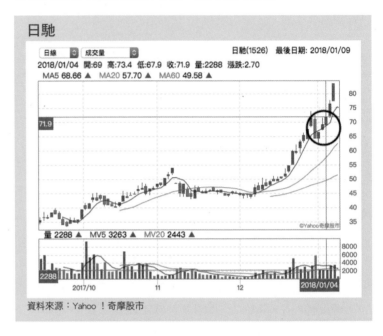

資料來源：Yahoo！奇摩股市

③ 三根紅 K 線，後面兩根紅 K 線卻留下較長的上影線

第一根 K 線是長紅 K 線，但是後續連著兩根 K 線卻留有較長的上影線，表示上漲遇到較為沉重的賣壓，上漲力道有趨緩的跡象。如果這種型態的 K 線在高檔區出現，多半代表上漲的力道逐漸耗竭，即將反轉向下，此時多方宜盡速退出，觀望為宜。

　　以日月光（2311）在 2018 年 1 月 3 日的表現為例：雖然連續出現三根紅 K 線，但是卻都留有上影線，如果伴隨成交量日漸萎縮，而且是在相對高檔區出現，多半表示上漲的力道逐漸耗竭，即將反轉向下，此時多方宜盡速退出，觀望為宜。

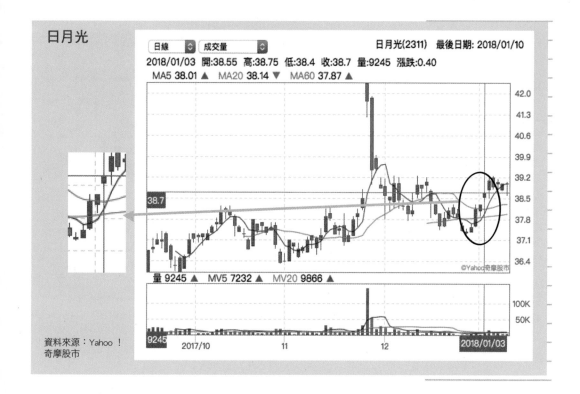

日月光

資料來源：Yahoo！
奇摩股市

④ 兩紅夾一黑

這種型態是兩根紅 K 線的中間，出現一根
黑 K 線。這種紅黑相間的類型，在市場上
通常被認為是主力在洗牌的手法。藉由第二
天出現的黑 K 線，讓散戶誤以為行情已經到頂而退出，接
著主力再拉出一根紅 K 線，之後再連續作多上漲，使得散
戶繼續追價，市場上也稱之為「一日洗盤」。尤其第三根若
是長紅 K 線，就是讓第二天的黑 K 線所形成的短線套牢者
可以有機會解套，因此，就有接下來換手成為另一波多頭重
啟的契機出現。

　　以智邦（2345）在 2017 年 11 月 16 日的表現為例：
2017 年 11 月 15 日雖為黑 K 線，但之後 2017 年 11 月 16 日
出現長紅 K 線，並形成新的支撐點，之後的另一根長紅 K
棒伴隨成交量逐步增溫，於是後勢可以偏多看待。

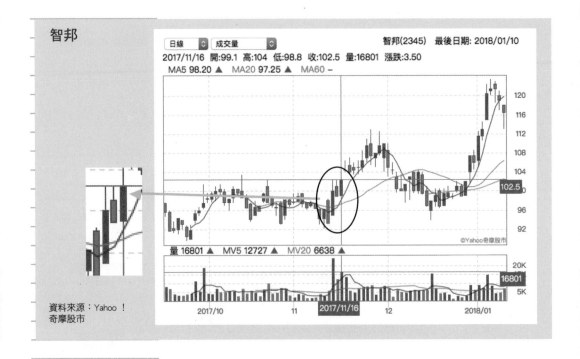

智邦

資料來源：Yahoo！奇摩股市

⑤ 三根長黑 K 線，市場又稱為「黑三兵」

股價出現連收三根長黑 K 線時，後勢持續看跌的情況居多。這是因為連續三天的收盤價都比開盤價低，（開高收低，於是收黑 K

線），而且每天都是收跌，說明市場上目前有一股空頭力量，正逐步推動股價向下跌。如果黑三 K 是在盤整後期才出現，而且伴隨成交量逐漸縮小的情形時，通常就會是另外一波跌勢的開始，投資朋友可以密切關注，儘早找賣點來趨吉避凶。特別的是，如果連三黑的黑三兵是出現在上漲的趨勢當中，可視之為很強的市場反轉向下信號，伴隨逐漸萎縮的成交量，投資朋友自然應當儘快找尋賣點，退出觀望為宜。

以凌華（6166）在 2017 年 11 月 13 日的表現為例：當天收在 67.2 元的長黑 K 線，而且已經是連續的三黑 K 線，加上萎縮的成交量，後勢宜偏空看待。

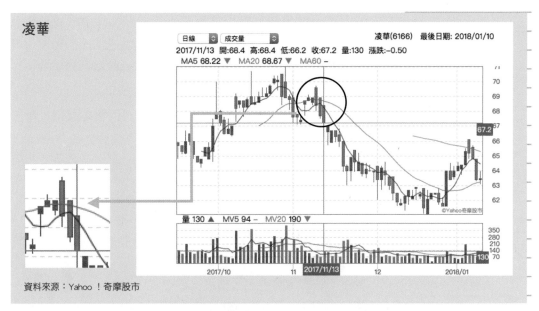

凌華

資料來源：Yahoo！奇摩股市

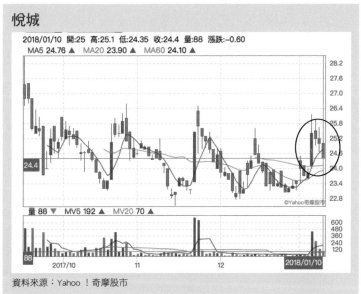

悅城

資料來源：Yahoo！奇摩股市

⑥ 長紅 K 線之後的三小黑

這種型態的 K 線，多半出現在已經上漲多日
的走勢中。通常第一日會收代表上漲的長紅
K 線，接著卻出現三根往下跌的小黑 K 線，

但因為三根 K 線只是小黑 K 線，最低點都沒有跌破長紅 K 線的最低點，因此，短暫的跌勢並不能蓋過上漲的勢力，可視為漲多回檔，或者是盤整，預估之後的行情仍然偏向走多的格局。

以悅城（6405）在 2018 年 1 月 10 日的表現為例：當天之前的連續三日都收黑 K 線，但卻沒有跌破之前 2018 年 1 月 5 日長紅 K 線的最低點，因此可認為是漲多回檔，或者是區間盤整，後勢仍可偏多看待。

⑦ 長黑 K 線之後的三小紅

和⑥成為對照組。這種型態的 K 線多半出現在下跌的走勢中。通常第一日會收代表下跌的長黑 K 線，接著卻出現三根往上漲的小紅 K 線，但因為三根 K 線只是小紅 K 線，最高點都沒有漲破長黑 K 線的最高點，代表上檔賣壓頗重。因此，短暫三天的漲勢尚不能蓋過下跌的勢力，如果量能沒有增溫，預

寶徠

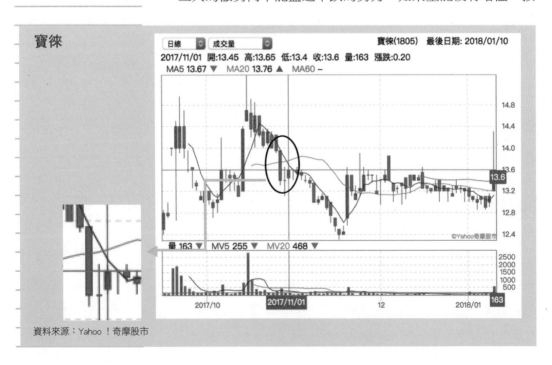

| 日線 | 成交量 | | 寶徠(1805) 最後日期: 2018/01/10 |
2017/11/01 開:13.45 高:13.65 低:13.4 收:13.6 量:163 漲跌:0.20
MA5 13.67 ▼ MA20 13.76 ▲ MA60 –

13.6

©Yahoo奇摩股市

量 163 ▼ MV5 255 ▼ MV20 468 ▼

2017/10　2017/11/01　12　2018/01　163

2500
2000
1500
1000
500

資料來源：Yahoo！奇摩股市

估行情仍然是偏向走空的格局。

　　以寶徠（1805）在 2017 年 11 月 1 日的表現為例：2017年 10 月 30 日收長黑 K 線後，雖然出現連續三日小漲，但都漲不過原長黑 K 線的最高點，再加上量能逐部萎縮，仍然應視為偏空格局。

⑧ 長黑長紅 K 線之間的小黑或小紅 K 線，市場有人稱之為「晨星」

會出現這種型態的 K 線，行情多半是處於下降趨勢，而且跌勢已久，可以先由一根長黑 K 線確認行情已經是空頭格局。接著，在第二天開盤之後，行情一樣走低，股價呈現窄幅波動，最後在開盤價附近收盤，出現極短的實體 K 線（或是十字線），表示多空膠著未明。但是在第三天的開盤之後卻一路走高，收盤更是收在當天的最高點，出現長紅 K 棒，這種態勢代表多頭短線勝出，行情很可能即將反轉向上。

　　以台揚（2314）在 2017 年 12 月 26 日的表現為例：當

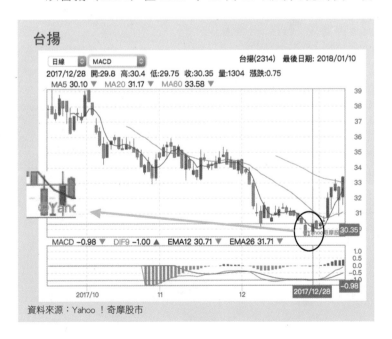

台揚

日線　　MACD　　　　　　　　　　　台揚(2314) 最後日期: 2018/01/10
2017/12/28 開:29.8 高:30.4 低:29.75 收:30.35 量:1304 漲跌:0.75
MA5 30.10 ▼　MA20 31.17 ▼　MA60 33.58 ▼

MACD -0.98 ▼　DIF9 -1.00 ▲　EMA12 30.71 ▼　EMA26 31.71 ▼

2017/12/28

資料來源：Yahoo！奇摩股市

天的長黑 K 線之後，隔天 2017 年 12 月 27 日收小十字線，
之後的 2017 年 12 月 28 日轉而收長紅 K 線，自此扭轉趨勢，
之後行情一路走揚，直到碰到季線、遇到壓力，漲勢才暫時
告歇。

⑨ 長紅長黑 K 線之間的小紅 K 線或十字線，市場有人稱為「夜星」

這種型態的 K 線多半是出現在上升趨勢，
而且會在上漲多日之後。首先，由一根長紅
K 線起頭，代表行情是多頭格局，接著第二天開盤之後一樣
走高，但是短線遇到了壓力，漲不動，股價呈現窄幅波動，
最後在開盤價附近收盤，出現極短的實體 K 線（或是十字
線），表示多空膠著未明。但是，在第三天的開盤之後卻一
路走低，收盤更是收在當天的最低點，出現長黑 K 棒。這
種態勢，代表空頭短線勝出，行情很可能即將反轉向下。

　　以希華（2484）在 2017 年 11 月 1 日的表現為例：當

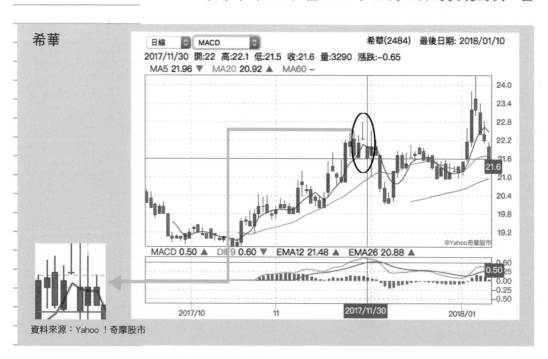

希華

資料來源：Yahoo！奇摩股市

天出現長紅 K 線之後，緊接著是一根倒 T 字線，暗示行情可能反轉。到了 2017 年 11 月 3 日收黑 K 線，之後股價就開始下跌。跌到 2017 年 11 月中，收 12.4 元，短線跌幅近一成。

重點　晨星與夜星向來都有反轉變盤的意味在，其行情的轉變與否，關鍵在第二根小實體 K 線的變化。如果第二根小實體 K 線演變成小十字，那麼這時候趨勢會反轉的機率就更高。在前面的章節裡，我們曾經介紹十字線如果出現在波段的相對高點或是相對低點，都有變盤的機會在。這樣的觀點，也可以運用在晨星與夜星這兩種型態上。

⑩ 長紅 K 線之後的跳空連續兩根黑 K 線，市場有人稱為「雙鴉躍空」

這種型態經常出現在已經上漲一陣子，或是在高檔盤整一陣子的多頭走勢之中，接著出現一根長紅 K 棒之後，隨之而來的，卻是出現跳空的兩根黑 K 線。第二天的開高走低，甚至於留下較長的上影線，表示已經遇到賣壓，多頭力量不濟，趨勢極有生變的可能。等到第三天繼續開高走低，而且走勢更弱，使得收盤價更是低於第二天的收盤價，留下更長的實體黑 K 線，代表此時的空方已然戰勝了多方，空方有進一步主導盤勢，進而重啟空頭格局的可能。遇到這種型態的 K 線，應該先行避開為宜。

以集盛（1455）在 2017 年 12 月 27 日的表現為例：當天收長紅 K 線之後，隔天 2017 年 12 月 28 日跳空開高卻收黑 K 線，接著 2017 年 12 月 29 日收實體長黑 K 線，而且收得更低，加上高檔量能萎縮，表示追高者愈來愈謹慎，行情宜偏空看待。

集盛

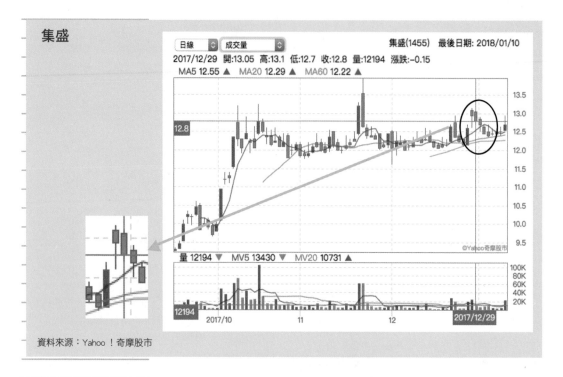

日線　成交量　　　　　　　　　　　　　　　　集盛(1455)　最後日期: 2018/01/10
2017/12/29　開:13.05　高:13.1　低:12.7　收:12.8　量:12194　漲跌:-0.15
MA5 12.55 ▲　MA20 12.29 ▲　MA60 12.22 ▲

量 12194 ▼　MV5 13430 ▼　MV20 10731 ▲

資料來源：Yahoo！奇摩股市

　　在本單元中，我們羅列整理出幾種由至少兩根K線所組合成的K線型態，並說明其所隱含的意義、後勢可能發生的情境，以及應該如何因應的策略等。雖說在出現這些型態之後，行情未必完全照著我們所說的劇本走，但畢竟K線理論是奠基於以往的價、量走勢會被複製到未來的說法，因此，收集、整理並歸納出來的複合K線型態，將有助於我們對於行情後勢的研判，作出更為有利的決策。

心動也要行動！

今天是 ____ 年 __ 月 __ 日

我想投資的股票是 _____ ，代號是 _____

想買的原因是：

今天是 ____ 年 __ 月 __ 日

我想投資的股票是 _____ ，代號是 _____

想買的原因是：

是別人騙你？
還是自己騙自己？

搞懂K線的基本原理和畫法，能夠讓我們覺察哪些關鍵點一旦扭轉，
就會改變K線的「長相」，導致我們被誤導，作出自以為是的判斷。

有別於使用基本分析裡的總體經濟指標，或者是財報數據來找尋標的，技術分析是著眼於短期地持有，但可以抱股抱得安心，而不是步步驚心。然而，使用技術分析指標操作股票，則是在乎該標的個股短期進出場點的掌握。因此，在使用技術分析的任何一個指標或者是多個指標時，應該掌握一個原則：當出現很明確、很有把握的訊號或指標時，才能進／出場；一旦出現自己看不懂、沒有把握、甚且頗有疑慮、無法分辨多空時，或者是剛開始使用自己還不太熟悉、經驗值裡準確度不高的指標時，建議投資朋友在此時寧可觀望，也不要輕易地拿自己的血汗錢冒險！畢竟，股票市場每個營業日都會開盤，股價也時時刻刻、分分秒秒都在跳動，進出場的機會也所在多有——只是怕你看不準而已！何必在沒把握的時候進／出場，卻換來往後長時間的懊悔？更甚者，還有人虎視眈眈地刻意做出騙線，想要引君入甕，進而上演「養－套－殺」的劇情！

那麼，要如何避免被騙、或者是自己騙自己？

現在，我們就再來複習一下K線的基本原理／畫法；從K線的基本原理／畫法，我們可以覺察出，扭轉哪些關鍵點，就會改變K線的「長相」，進而誤導你，讓你作出自以為是的判斷。

K線既然是由開盤價、收盤價、最高價、最低價四個價位所畫出來的線圖，如果有心人士刻意「改變」其中的一個或兩個價位，K線的「長相」不就會被改變了？K線的長相改變了，那麼預測該個股未來的強、弱走勢方向，不就跟著改變了？原本以為這樣長相的K線應該是強勢，所以跟著做多，是不是反倒會買貴而套牢在高點？原本以為這樣長相的K線應該是弱勢，所以跟著做空，是不是反倒會賣在最低點，甚至於反倒有可能被軋空？

因此，一旦遇到：

① 有心人士想要做假

② 臨收盤前突如其來的利多或

利空消息，讓投資人集體地過度恐慌或者過度樂觀

　　這就很容易在最後一盤時，讓當天的收盤價、最高價或是最低價因而改變，進而扭轉某一根或者某幾根K線的長相。因此，如果投資人只是單看K線就做出買進或賣出的決策，卻忽略了「趨勢」的變化，就很容易上當——可能是被自己騙，也有可能是被別人給騙了！

　　因此，解析K線，還得要搭配趨勢的判斷，才能避免被騙！尤其是如果有人想要刻意作價、扭轉既有趨勢時，通常會在尾盤「拉高」或「殺低」股價，往往會讓當日的K線留下較長的上影線或下影線。因此，關於較長的上影線或下影線出現時，如果能夠多一分注意、多一分心思，也許就可以避免成為主力養－套－殺的對象。

 貼心小提醒：

---

① 當長上影線出現的時候

觀察股價是不是已經走到「相對高檔區」；如果是出現在高檔區（也就是股票已經上漲一段時間，股價已經來到近期的相對高檔區，或者最近一週已經上漲超過一成了），代表上檔賣壓重重，上漲趨勢將不敵拋售壓力（解套賣壓、獲利了結賣壓），最後收盤價被壓在相對低點，於是就會出現一根帶有長上影線的K棒，表示此時賣壓漸重，下跌壓力也逐漸增加。但是，如果長上影線不是出現在相對高檔區，而是出現在股價剛開始上漲的「初升段」（例如漲幅連3%都還不到）時，就很有可能是主力想要藉由殺尾盤來嚇唬散戶，清洗浮額。這時候，反倒應該要抱緊股票，等著搭主力的轎子，賺取可觀的波段漲幅。

②當長下影線出現的時候

觀察股價是不是已經走到「相對低檔區」；如果是出現在低檔區（也就是股票已經下跌一段時間，股價已經來到近期的相對低檔區，或者最近一週已經下跌超過一成了），這時候，拋售壓力將會逐漸減輕，下檔支撐力道轉強，最後收盤價被拉高到相對高點，於是就會出現一根帶有長下影線的K棒，表示此時買氣漸強，有一股買盤在股價低檔區大量地買進股票，使得股價止跌，甚至於迅速上漲。但是，如果長下影線不是出現在相對低檔區，而是出現在股價剛開始下跌的「初跌段」（例如跌幅連3%都還不到）時，就很有可能是主力想要藉由拉尾盤來吸引散戶買進，拉高出貨。這時候，反倒應該要儘早出脫股票；否則，等到主力大量地賣出股票，股價可能會是雪崩式地下跌，到時候要賣到好價格，那就不容易了。

　　關於「趨勢」的變化，除了可以搭配我們在第二天的單元內容中，有關平均成本線的原理跟觀念，進而做出合理的判斷之外，在第二天的「第一次就上手」單元裡，還可以透過「乖離率」（BIAS），進一步看出成本與趨勢之間的關係。

第1天
課程结束！

第2天

學會善用多元技術分析指標，騙線 OUT

任何一種技術指標都有可能的盲點，甚至於會在股市作手刻意的經營之下，形成騙線，使得不明就裡的人投入或撤出股市，陷入作手養、套、殺的圈套而虧錢。因此，如果可以不要獨沽一味，兼而採取其他的準據來加以綜合判斷，被騙（可能是被人家騙，也有可能是剛愎自用的自己騙自己）或是作出錯誤的決策機率自然就會降低了。

K 線「穩」「賺」策略：
用 K 線提高現股當沖的勝率

金管會為了活絡股市、提振量能，在 2014 年 1 月推出「現股當沖」的交易方式，在臺股步步高、始終在萬點以上盤旋之際，已經成為許多投資人日常操作的方式之一。　「當沖」是當日沖銷的意思，指的是在同一天之內針對同一個投資標的，藉由「一買一賣」的方式來達到沖抵、結清、註銷交易的行為。要想短線獲利、規避風險，就得要瞭解什麼是現股當沖。至於怎麼操作當沖？現股當沖和當日沖銷有什麼不同？這一節我們就來好好認識如何透過 K 線這一類技術指標，瞭解當日適當的進出場時間點。

單元重點

- 現股當沖的風險較大，應嚴守停損停利點。
- 不熟悉遊戲方式時，建議先以現股當沖，不建議融資（先買後賣）或融券（先賣後買）當沖。
- 何時才是獲利點？通常要跳三個檔次。

觀念速解

當沖

當沖（Day Trading）當沖不需要付本金就能夠買賣股票，也可以避開隔夜風險。事實上，不只是股票而已，它包括至少五種「投資標的」：指數選擇權（Index Option）、股票選擇權（Share Option）、商品期貨（Commodity Future）、外幣現鈔、上市公司股票。

現股當沖 vs. 當日沖銷

Q 在交易的策略中，有所謂的「現股當沖」跟「當日沖銷」，都是股票不打算留過夜的操作方式。那麼這兩者之間有什麼差別呢？

A 在主管機關還沒有推出現股當沖之前，投資朋友如果認為目前股市的風險較高、不想把股票留過夜，可以跟券商先行申請信用交易資格（資格如附註一）。當投資人符合信用交易的資格之後，就可以融資買進（當看好標的個股走勢時）、融券賣出（當看壞標的個股的後勢時）的方式，當日沖銷股票，避免此後股票波動的風險。

但是在 2014 年初，為了提高現股的交易量，主管機關先是開放了先買後賣的現股當沖；半年之後，又開放了先賣後買的當日沖銷交易。此後，現股當沖（當日先買後賣或是

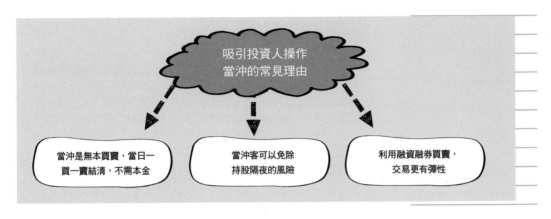

先賣後買）就成為積極的投資人操作短線交易的獲利模式之
一。

　　也就是說，當初之所以推出現股當沖的交易模式，是
因為主管機關為了讓當時的股市成交量可以放大；另外，由
於當時的時空背景是市場行情走勢分歧，一旦投資人誤判情
勢，或者投資人在買進之標的股票在盤中突然價格走揚時，
即可適時地反向沖銷，降低投資人將股票留過夜，甚至被迫
「長期投資」的風險。另外，如果短線已經達到投資人短期
獲利的停利點時，現股當沖也可以讓投資人提前實現獲利。

　　那麼，我們就先來定義一下何謂現股當沖。現股當沖，
就是投資人可以用現股從事先買進（賣出）、後賣出（買進）
的當日沖銷交易。也就是說，投資人可以用同一個帳戶，在
同一個交易日以現款買進與現券賣出（不論孰先孰後）同一
檔有價證券；成交之後，只要就相同數量部分，按照買賣沖
銷後的差額來辦理款項交割即可。

更多有關現股當沖的資訊，請至現股當沖官方網站：
http://www.twse.com.tw/zh/page/trading/information5.html

現股當沖	用現股當日先買後賣，或者先賣後買
當日沖銷	現股，融資或融券當日沖銷

2014 年，主管機關還沒有推出現股當沖之前，投資朋友如果想規避短線波動過大的風險，不想把股票留過夜的話，就只能夠跟券商申請信用交易資格；一旦符合信用交易資格之後，才能夠以當日融資買進、融券賣出的方式作當日沖銷股票，而不把股票留過夜。這種當日沖銷跟一般交易最大的不同點，在於當日沖銷只需要交割賺或賠的淨金額就好；然而，一般股票的買賣交易，卻需要交割買進及賣出的成交總金額。

另外，不管投資人是以哪一種方式買進或賣出股票，都需要付出手續費（給券商）；賣出股票的時候，則需另外繳交證券交易稅（給政府）。手續費目前的收取方式為上限千分之 1.425〔如果是非人工交易（語音或網路下單），券商多半會打折〕；證券交易稅則為千分之 3。2017 年 4 月 28 日開始，政府為了活絡交易量，當日沖銷的證交稅是減半收取的（只收千分之 1.5）。

一般戶信用交易資格

年滿 20 歲有行為能力的中華民國國民，
或依中華民國法律組織登記的法人

開立受託買賣帳戶滿三個月

最近一年內委託買賣成交達十筆（含）以上，累積成交金額達所申請之融資額度 50%

最近一年之年所得以及各種財產總計，達所申請融資額度之 30%。（可提供一年內之房屋稅單影本、房屋土地所有權狀影本、任何銀行開立之存款財力證明、定期存單……）

法人公司戶信用交易資格，除了以上必備資料之外，尚需另附文件如下：

公司執照　　營利事業登記證　　經濟部印鑑証明

公司執負責人身分證影本　　操盤人身分證影本

資料來源：兆豐證券

現股當沖短線獲利吸引人，但不是誰都適合交易

Q 現股當沖既然可以每天都不留倉，算不算是一種風險較小的交易方式呢？而且它也適合一般小資男女來操作？

A 現股當沖雖然號稱可以每天實現獲利，但其實它也隱藏了較高的風險，並不是每個人都適合作現股當沖交易的。當初主管機關並不是要鼓勵投資人作短線交易而推出了這種現股當沖的新型態交易方式，而是著眼於以往在不同的時空背景之下，曾經有較多的交易限制，現在只不過是逐步地回應市場的需求，慢慢開放某些交易模式而已。更何況，現股當沖這種交易模式也有許多的眉角以及一定的操作難度，並沒有想像中的那麼容易，也不是每個人都符合交易資格的。

這些人，才具備現股當沖的資格

Q 那麼要符合哪些資格，才能夠承作現股當沖呢？

A 由於現股當沖具有一定的風險，為了避免投資人因為不諳交易規則而有潛在的違約風險，造成股市的不安定與巨幅波動，所以在現股當沖的方式、投資人的交易資格、開放當沖的標的上，主管機關都有所設限，為的是避免交易失序。而在投資人的交易資格部分，目前僅開放已經具有一定交易經驗的投資人，才能從事現股當沖交易。臺灣證券交易所的官方網頁，有詳細的規定可以供讀者參考。我們在此簡單羅列出來，想要操作現股當沖投資的朋友必須要符合以下的條件：

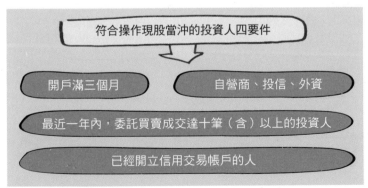

符合操作現股當沖的投資人四要件

開戶滿三個月　　自營商、投信、外資

最近一年內，委託買賣成交達十筆（含）以上的投資人

已經開立信用交易帳戶的人

資料來源：臺灣證券交易所

開立受託買賣帳戶滿三個月，且最近一年內委託買賣成交達十筆（含）以上，而已經開立信用交易帳戶者及專業機構投資人則不在此限。

　　上述規定當中所謂的「專業機構投資人」，係指國內外之銀行、保險公司、票券公司、證券商、基金管理公司、政府投資機構、政府基金、退休基金、共同基金、單位信託、證券投資信託公司、證券投資顧問公司、信託業、期貨商、期貨服務事業，以及其他經主管機關核准之機構。

　　投資人如果符合現股當沖的交易資格，在交易前須先與證券交易商簽妥「有價證券當日沖銷交易風險預告書暨概括授權同意書」，下單買賣時，就可以視需要來選擇你想要的交易方式了。

　　另外，現股當沖的交易時間是從盤中交易時段（上午9：00～下午13：30）收盤前買賣間，以及普通交易收盤前之買賣股票進行當沖。萬一在早上9點開盤到下午13:30收盤時間內買進（賣出）但沒有賣出（買回），也沒有關係，還可以在下午14:30前的盤後交易時間（稱為「盤後定價交易時段」）以收盤價賣出（買進）。

　　特別須注意的是，零股、鉅額買賣、拍賣、標購等，目前是不適用於當日沖銷交易的。

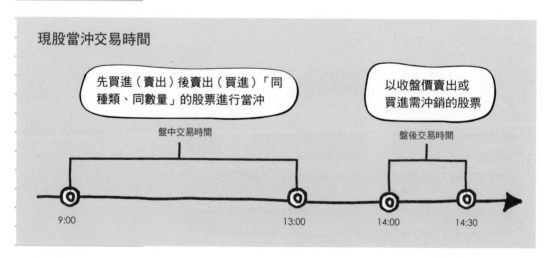

現股當沖交易時間

先買進（賣出）後賣出（買進）「同種類、同數量」的股票進行當沖

以收盤價賣出或買進需沖銷的股票

盤中交易時間　　　　　　　　　盤後交易時間

9:00　　　　　　　　　　13:00　　14:00　　14:30

凱基證券 KGI SECURITIES

有價證券當日沖銷交易風險預告書暨概括授權同意書

本風險預告書暨概括授權同意書係依據有價證券當日沖銷交易作業辦法第二條規定訂定之。

委託人從事有價證券當日沖銷交易前，應先分瞭解下列事項：

一、有價證券當日沖銷交易，係指委託人與證券商之定就其同一受託買賣帳戶於同一營業日，對其營機關指定之上市（櫃）有價證券，委託現款買進成交後現券賣出同種類有價證券，就相同數量部分相抵之普通交割買賣，抵買賣沖銷後差價辦理應收付。

二、得為當日沖銷交易之上市（櫃）有價證券，經臺灣證券交易所股份有限公司（以下簡稱證券交易所）或財團法人中華民國證券櫃檯買賣中心（以下簡稱證券櫃檯買賣中心）依相關規定公告變更交易方法，處置有價證券者，不得為當日沖銷交易標的。

三、有價證券當日沖銷交易以普通交易及收盤前之買賣及普通交易收盤前進行盤後定價交易買出賣出為限。

四、掌股、鉅額買賣，依證券交易所營業細則第七十四條之交易及依證券櫃檯買賣中心證券商業務處所買賣有價證券業務規則第三十二條第一項定於證券商營業處所議價方式及依第三十九條規定之交易，不適用當日沖銷交易。

五、委託人於從事當日沖銷交易前，應評估自身財務狀況、風險承受能力及投資經驗，並考量下列風險：
1. 投資風險：委託人若選擇價格波動性較高之有價證券從事當日沖銷交易，應衡量價格波動性可能帶來之投資風險。
2. 交易成本：委託人應瞭解交易次數增繁所產生之相關交易成本。
3. 無法反向沖銷風險：委託人應評估買入有價證券，若無法反向賣出沖銷時，屆期順利行其僅足額償款辦理交割者。

六、證券經紀商得視情形向委託人預收或收一定成數之款項，預收款項之作業方式學期證券經紀商受託買賣預收款項者應行業務注意事項。

七、證券經紀商應於每日收盤後，就委託人當日沖銷交易後之損益，評估增減其單日買賣額度或當日沖銷額度。

八、證券經紀商對某委託人前日每當日沖銷交易累計款額達其單日買賣額度或當日沖銷額度二分之一時，應暫停其從事當日沖銷交易。除專業機構投資人外，證券經紀商於委託人提供適當財力證明後，重新評估其單日買賣額度或當日沖銷額度。

本風險預告書事項僅為列舉性買，對所有涉事當日沖銷交易之風險及影響市場行情之因素無法一一詳述，委託人除應於交易前對本風險預告書詳細研閱證外，對其他可能影響之因素亦宜有所了解，並確實作好財務規劃與風險評估，以免因貿然從事當日沖銷交易而遭受難以承受之損失。

本人（委託人）業於從事有價證券當日沖銷交易前詳讀本風險預告書，並經凱基證券股份有限公司指派專人解說，已明瞭並承諾自行承擔當日沖銷交易之風險。特此聲明。

本人同意凱基證券股份有限公司對本人於當日同一帳戶現款買進成交後現券賣出之同種有價證券，就相同數量部分，得進行辦理相抵交割，本人無須逐筆申請。本人如不欲沖銷，應於成交日收盤前為不予相抵交割之聲明。

此致
凱基證券股份有限公司及其證券交易輔助人

證券帳號： ▯▯▯▯▯▯▯▯▯▯▯▯▯▯

委　託　人

姓　　　　名： _____

身分證統一編號： _____

謝委託人本人親蓋，法人請填寫法人全銜及其統一編號

法定代表人／法定代理人

姓　　　　名： _____

身分證統一編號： _____

姓　　　　名： _____

委託人原留印鑑

身分證統一編號： _____

註1. 委託人為法人時由負責人親蓋
　　2. 委託人為未成年人時則由法定代理人（父母）親蓋

中　　華　　民　　國　　　　　年　　　　　月　　　　　日

資料來源：凱基證券

其他尚有依照證券交易所營業細則第 74 條之交易、依櫃檯中心證券商營業處所買賣有價證券業務規則第 32 條之 1 規定於證券商營業處所採議價方式之交易及第 39 條,也是不適用於當日沖銷交易的。詳細情況,可以參考臺灣證交所的官網:http://www.twse.com.tw/zh/page/trading/information5.html

Q 所有上市櫃的股票,都可以作現股當沖交易嗎?

A 可以當日沖銷交易之標的,僅限於主管機關指定之上市(櫃)有價證券,目前標的只限臺灣 50 成分股、中型 100 成分股、富櫃 50 成分股、認購(售)權證標的有價證券、ETF、得為有價證券借貸交易標的等。但是,如果經過證券交易所或櫃檯中心依相關章則公告變更交易方法、處置有價證券者;就不得作為當日沖銷交易標的。所以,投資人如果想要從事現股當沖交易,就必須留意主管機關公告可以當沖的標的。

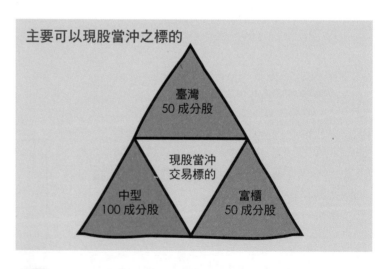

主要可以現股當沖之標的

臺灣 50 成分股

現股當沖交易標的

中型 100 成分股

富櫃 50 成分股

下列網址可以查詢能夠現股當沖之標的:
http://www.twse.com.tw/zh/page/trading/exchange/TWTB4U.html

Q 現股當沖需不需要有額外的交易成本呢？

A 現股當沖的手續費和一般現股買賣相同（也就是沒有借券賣出的問題），投資人會被收取的費用，是證券交易稅（政府收走）以及買進賣出的手續費（你下單的券商收走）。以目前大多數券商的計算方式來舉例說明，你的每一筆交易成交之後，券商可以收取成交金額的千分之 1.425（0.145%）手續費（這是上限有些券商會打折，尤其如果你採用非人工交易，也就是網路下單或者語音下單）；這個手續費是買跟賣，券商都會收。要注意的是，小數點以下無條件捨去，不足 20 元以 20 元計（也就是券商的最低手續費需要收 20 元）。另外，在你賣出股票時，還需要支付千分之 3（0.3%）的證券交易稅給政府（現股當沖的證交稅目前 2019 年 9 月是減半），這些都是必須注意的交易成本。我們在作現股當沖之前，一定要預先納入考量。

投資人須留意的交易成本

⭐ **手續費 → 買進或賣出，均須付給證券經紀商手續費**

買進時的手續費計算公式

> 買進手續費 ＝ 買進成交金額 × 買進股數 × 0.1425%

【實例】
大雄以 60 元的成交價格買進 X 股票三張。請問，大雄需要支付多少手續費給證券交易商？

> 買進手續費 ＝ 60 元 × 3000 × 0.1425% ＝ 256.5 元

賣出時的手續費計算公式

> 賣出手續費 ＝ 賣出成交金額 × 賣出股數 × 0.1425%

【實例】

大雄在 A 股票股價漲到 65 元時，賣出手中所有持股共三張。請問，大雄需要支付多少賣掉股票的手續費給證券交易商？交易稅又是多少？

> 賣出手續費 ＝ 65 元 × 3000 × 0.1425% ＝ 277.87 元

☆ 證券交易稅→賣出時需付給政府的賦稅

> 手續費計算公式
> 證券交易稅＝賣出成交金額 × 賣出股數 × 0.3%

【實例】

同上，大雄賣出了 A 股三張。請問，大雄還需要支付多少的證券交易稅？

> 證券交易稅 ＝ 65 元 × 3000 × 0.3% ＝ 585 元

> 如果當沖減半徵收，就是 585 × 0.5 ＝ 292.5 元

現股當沖，操作五撇步

Ｑ 那麼操作現股當沖，有沒有什麼操作撇步呢？

Ａ 既然這是一個新的交易策略，有些投資人剛開始一定會不太習慣。不過，只要注意底下整理的這五個撇步，就會有較高的勝算和較高的報酬率。

撇步❶ 有賺就要跑

有別於以往中長期投資股票的模式，若想要操作現股當沖、當天實現獲利，就要先調整心態。首先，當天的停利點不要設太高，畢竟你的操作時間只有短短一天，你不要預期每次都能買在當天的最低價、出在當天的最高價，甚至預期自己可以賺到 20%（買在跌停、賣在漲停），這未免也太不實際了！

　　根據已經實施的這段時間的觀察，可以現股當沖的標的，愈是接近收盤時的賣壓通常會比較大。所以，千萬不要等到快要收盤前半小時才進場，這樣在時間及空間上，都很不利於投資人！比較好的交易策略是，在開盤之後的前半小時內，就先鎖定標的股，及早布局進場，等到盤中看到標的個股開始往上漲了，就要及早沖銷為宜。停利點可以設在 3% ～ 5% 左右，太貪心恐怕會沖不掉，被迫持有股票。

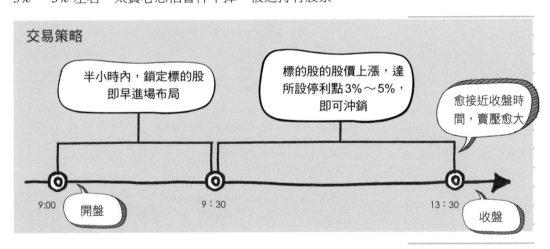

撇步❷ 別選牛皮股

現股當沖就是要當天賺到價差，所以要選擇波動性比較大、比較活潑的個股。例如中華電、中鋼等知名的防禦型個股（俗稱「牛皮股」），就不太適合當作現股當沖的標的。我們應該盡可能選擇當日或近期的強勢股，會比較有當沖的勝算。

至於要如何選出強勢股呢？以下一步一步說明：

☆ 選出強勢股 Step by Step
Step ❶

　　首先，連結 Yahoo ！奇摩 https://tw.yahoo.com/ 的首頁，點選「股市」。

資料來源：Yahoo ！奇摩股市

Step ❷

　　接著下拉視窗，找到「熱門個股」，即可看到「成交量大」與「成交值大」的標籤，一覽今天「成交量」及「成交值」較大的個股。

資料來源：Yahoo ！奇摩股市

Step ❸

點選「更多」，進入下一個網頁，還可以看到「單日價差（當沖指標）排行」的選項。

資料來源：Yahoo！奇摩股市

Step ❹

從「單日價差」點進去之後，就會出現當天股價較活潑的個股了。

名次	股票代號/名稱	成交價	漲跌	漲跌幅	最高	最低	價差	成交張數	成交值(億)
1	3008 大立光	3985.00	△135.00	+3.51%	4045.00	3890.00	155.00	879	34.9492
2	5269 祥碩	451.00	▽38.00	-7.77%	492.00	442.00	50.00	943	4.3215
3	6415 矽力-KY	443.50	▽44.00	-9.03%	488.50	440.00	48.50	445	2.0086
4	3406 玉晶光	342.50	▽1.00	-0.29%	353.00	332.50	20.50	17,087	58.6033
5	1590 亞德客-KY	317.00	▽11.50	-3.50%	333.00	313.50	19.50	1,921	6.1382
6	3665 貿聯-KY	190.50	▽17.50	-8.41%	206.50	188.00	18.50	3,362	6.5771
7	2231 為升	268.00	▽10.50	-3.77%	281.00	264.50	16.50	724	1.9573
8	1476 儒鴻	414.50	△12.50	+3.11%	420.00	406.50	13.50	1,402	5.8182
9	3563 牧德	351.00	▽10.00	-2.77%	364.00	350.50	13.50	471	1.6728
10	2379 瑞昱	206.50	▽4.00	-1.90%	211.50	198.50	13.00	5,310	10.8037
11	6669 緯穎	327.00	△3.50	+1.08%	333.00	321.00	12.00	828	2.7072
12	8016 矽創	114.50	▽6.00	-4.98%	119.50	108.50	11.00	8,925	9.9764
13	9914 美利達	180.00	▽5.00	-2.70%	191.00	180.00	11.00	1,499	2.7609
14	2404 漢唐	149.00	▽9.50	-5.99%	159.50	149.00	10.50	6,519	10.0679

資料來源：Yahoo！奇摩股市

投資人可以在這個分類中，進一步去挑選出當日漲勢較強（跌幅較大）、成交量及波動度（震盪）較大的個股，作為現股當沖的個股交易。

 貼心小提醒：

挑選小技巧

建議有心現股當沖的投資人，可以從開盤 15 分鐘後的第一盤就開始找尋成交量較大，或者是漲（跌）幅達 1% 以上的強（弱）勢股票；特別注意漲（跌）幅前十大的股票，當作你備選的口袋名單。

撇步 ③ 看短不看長

挑選強（弱）勢股，還可以短期 K 線作為觀盤重點。以下，我們就用找尋強勢股先買後賣為例說明。因為現股當沖是極短線的交易，所以可以運用短期的 K 線圖，如 5 分線的 K 線圖及 KD 指標來作為觀盤重點。操作的方法可以選擇 5 分線的 K 線轉強以及 KD 值在相對低檔時買進。接下來，看到股價連續突破盤中高點，當 5 分線的 KD 值在相對高檔時賣出，即可有獲利機會。

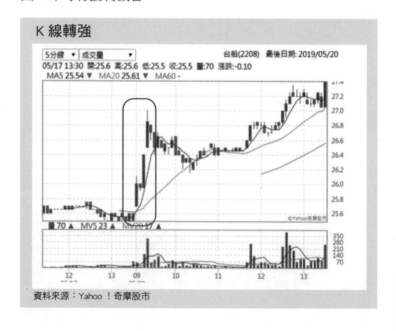

K 線轉強

資料來源：Yahoo！奇摩股市

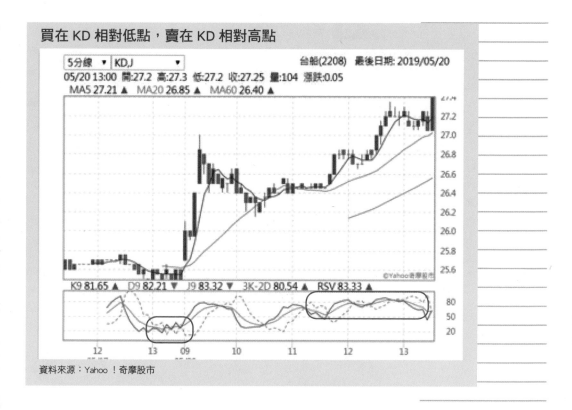

買在 KD 相對低點，賣在 KD 相對高點

資料來源：Yahoo！奇摩股市

　　此外，每天收盤後，可以先去篩選目前短期（例如 5 日線，也就是週線）均線已經開始翻揚，以及 **KD** 值在 50 以上的強勢個股。因為當短期均線翻揚，即將或者是已經呈現多頭排列的個股，意味著目前市場上持有者已經在獲利狀態，這個時候籌碼相對穩定，比較不會有較大的停損賣壓出籠，所以後續應該還有高點可期。

 貼心小提醒：

嚴守停損停利點

由於現股當沖是極短線的交易，嚴守紀律愈顯重要，投資朋友一定要切實遵守停損停利點。除了預先設定好停利點，在滿足停利點之後，切記毫不貪心，立即出場！同時，也要嚴守停損點，發現自己看錯方向之後，絕對要壯士斷腕，停損出場！畢竟，想要在短短四個半小時的交易時間內獲取利潤，就必須賺大賠小。至於要如何賺大賠小？最主要的就是「嚴設停利點」，而且一旦方向作錯，一碰到停損點也要準備出場，等著明天重起爐灶。

撇步④ 要細算成本

關於交易成本的計算，前面已經提過，手續費與一般現股買賣相同，收取的費用是證券交易稅，以及買進、賣出的手續費。建議現股當沖的投資人可以開立網路或是語音的交易戶，因為手續費會有折扣。

以目前多數券商的網路下單方式來看，通常可以享有手續費折扣六折左右。如果以六折的手續費試算，現股當沖要能夠獲利，股價至少須跳三檔（三個升降單位）。也就是說，如果你買進一張價格 15 元的股票，差不多要賣在 15.15 元以上，才有利潤可言。否則，這當中的價差，將被買進及賣出兩趟的手續費以及證交稅吃掉。因此，建議投資人精打細算，也許可以考慮轉到手續費比較便宜的券商來操作，利潤會更高一點。

上市證券申報買賣價格升降單位如下：

http://www.twse.com.tw/zh/page/trading/introduce.html

最低股價	最高股價	股票、債券換股權利證書、受益憑證、存託憑證、外國股票*、新股權利證書、股款繳納憑證、附認股權特別股	認購（售）權證、認購權憑證	轉換公司債、附認股權公司債	國內成分股指數股票型基金受益憑證(ETF)、國外成分股指數股票型基金受益憑證(ETF)、境外指數股票型基金受益憑證(ETF)、受益證券(REITs)	公司債	外國債券	中央登錄公債
0.01元	5元	0.01	0.01		0.01			
5元	10元	0.01	0.05	0.05	0.01			
10元	50元	0.05	0.10	0.05	0.05			
50元	100元	0.10	0.50	0.05	0.05	0.05	0.01 貨幣單位	0.01
100元	150元	0.50	1.00	1.00	0.05	0.05	0.01 貨幣單位	0.01
150元	500元	0.50	1.00	1.00	0.05			
500元	1000元	1.00	5.00	5.00				
1000元	以上	5.00	5.00	5.00				

＊外國股票係包含第一上市及第二上市（資料來源：證交所）

撇步❺ 當沖失利不要慌

現股當沖既然是極短線交易，所以是一種操作股票賺價差，而不是中長期投資並持有股票的操作模式。投資人要切記，它的交易邏輯和方式，跟一般投資股票是不太一樣的；特別要留意萬一當天「沖不掉」，就有可能承擔違約交割的風險，所以必須嚴格控管交易的價金。

但是，萬一失常無法完成反向沖銷，該怎麼辦？根據證交所交易部的說法，假設投資人無法完成現股當沖，可有三種選擇方式（以下以打算先買後賣來舉例說明）：

方法❶ 改為現股買進交割

首先，改為現股買進交割；這時，你要在兩天內（T+2）準備好交割款

方法❷ 更改交易類別為融資買進

把交易的類別，改為「融資買進」，但前提是你必須具有「信用交易」的資格

方法❸ 向券商申請款項借貸

投資人需支付利息，且注意利率與可貸款額度均由各券商決定

跟券商申請款項借貸，由券商代墊一日款項的「隔日沖銷」的模式

對於投資人來說，最靈活簡便的做法，就是第三項「代墊款項」的選擇了，因為只需付出一天的利息成本即可。但投資人要注意利率的計算，以及可貸款額度的控管，都是交由各券商自行訂定的，沒有統一標準，在現股當沖之前最好調查清楚，方便自己做好資金調度及控管。

觀念速解

違約交割

若是買進股票後，無法當沖，必須在兩天後（週一買，週三交割）的早上 10 點前補進交割款項，存入券商帳號。若沒有辦法補足，就發生「違約交割」。券商必須暫停該投資人的帳戶，並且要求在三個營業日內補足。若能補足，申報違約結案，則可沿用原有帳號交易。券商還要跟該名投資人收取違約金，上限為成交金額的 7%。若逾期仍未補足，則該投資人的帳戶將被註銷，且五年之內都不能再次開戶。若情節重大，還會面臨被起訴的刑責！

現股當沖風險較高，應視為交易策略的選項之一

 原來現股當沖還有這麼多「眉角」。那還有沒有我們操作時要特別注意的地方呢？

Ⓐ 由於臺股上萬點之後，類股輪動以及波動都較大，操作難度也相對較高，投資人想要在極短線賺取價差，可能要留意交易策略及資金控管的問題。此外，按照以往的經驗，「十個當沖九個虧」，現股當沖新制對於大多數的投資人來說，是風險相當高的一個操作工具，建議一般投資人應只將現股當沖視為交易策略的一種，而不是成為主要進出的操作策略。

尤其是如果大盤陷入震盪盤整、盤中波動不大時，採取現股當沖策略，風險會更大（因為價差空間很小，可能連交易成本都沒有辦法負擔）。此外，還必須注意當天國內外政經局勢對臺股的影響，特別是臺股的成交量、上漲動能日漸受到外資進出的影響，自是不可忽略國際政經情勢的變化，如何牽引外資的資金流向。

💙 **貼心小提醒：**

現股當沖的另一種操作方法

建議投資人在現股當沖政策還未成熟前，在操作這些股票時，或許也可以選在收盤前買（因為可能被壓盤，把價格打下來），隔日開盤之後見高點再賣出。這麼做雖然多了一天留倉的風險，但是價差或許會較大。這也是一種逆向思考的操作邏輯，可以當成是另外一種搭配現股當沖的操作策略。

☆ 現股當沖實例

現股當沖和一般投資股票的策略有極大的不同，它的進出時間、嚴格管控買進數量與計算交易成本等考量，都是打算交易現股當沖的投資人應該放在心上的。綜合前面所教現股當沖的投資原則，接下來，我們就來看看現股當沖的交易實例（以先買後賣為例說明）。

☆ 尋找適合當沖標的

現股當沖的交易時間短，需在四個半小時的時間內賺到錢，具有一定的操作難度。所以在臺股一開盤，就必須尋找可以滿足極短線獲利需求的當沖標的。

理想的當沖標的具有①成交量大、②波動幅度較大，例如漲幅達到 3% 的特性、③ K 線如果透露出轉強的態勢（可以參考第一天的說明），可以先買後賣；反之，則可以先賣後買。

我們可上股票網站尋找符合上述條件的股票，例如 Yahoo！奇摩股市 https://tw.stock.yahoo.com/d/i/hot.html 的「熱門排行」→「單日漲幅排行」裡，找尋適合的當沖標的。

上市行情類排行榜	單日熱門股進出
	單日漲幅排行
	單日跌幅排行
	單日價差(當沖指標)排行
	單日成交價排行
	單日成交值(億)排行
上市外資類排行榜	單日買超排行
	上週買超排行
	單日賣超排行
	上週賣超排行
上市自營商類排行	單日買超排行
	上週買超排行
	單日賣超排行
	上週賣超排行

＊外國股票係包含第一上市及第二上市

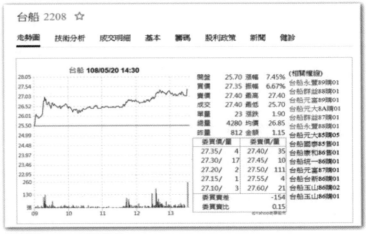

資料來源：Yahoo！奇摩股市

K線轉強的例子

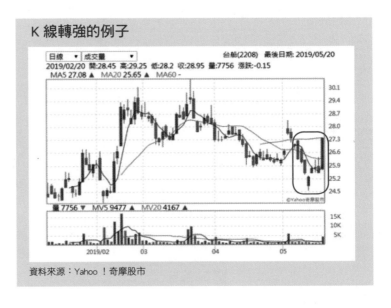

資料來源：Yahoo！奇摩股市

　　如上圖所見，投資人在開盤後，發現該股票走勢強勁（K線轉強），於是買在 26 元左右，為保戰果與保留實力，立即設立停利及停損點，設在 3% ～ 5%，所以，停利點是 26.75 元～ 27.35 元；停損點是 25.25 元～ 24.75 元，若跌破 25.25 元，必須立即賣出，毫不戀棧。

　　假設該支股票的漲勢不斷，如果不想留倉，可以選在漲停前一檔下單賣出。

心動也要行動！

今天是 ＿＿＿ 年 ＿＿ 月 ＿＿ 日

我想投資的股票是 ＿＿＿＿＿＿＿＿＿＿ ，代號是 ＿＿＿＿＿

想買的原因是：

今天是 ＿＿＿＿ 年 ＿＿ 月 ＿＿ 日

我想投資的股票是 ＿＿＿＿＿＿＿＿＿ ，代號是 ＿＿＿＿＿＿

想買的原因是：

技術指標介紹：
移動平均線

技術分析的功能是協助我們尋找買賣的最佳時間點。所以，想要在股市大有斬獲，就要學會善用個股的技術分析型態、圖形與指標，藉此找到適當的買賣切入點。

- 認識移動平均線的基本概念
- 以K線搭配移動平均線，作為判斷進出的依據

　　前面幾個章節，我們已經舉例說明如何解讀K線圖的各種可能型態，以及搭配K線執行現股當沖的交易策略。然而，不管K線圖有多麼好用，任何一種技術指標都有可能的盲點，甚至會在股市作手刻意的經營之下，形成騙線，使人陷入作手養、套、殺的圈套而虧錢。因此，接下來的章節內容，我們除了要介紹其他的技術指標之外，還會約略介紹一下基礎的基本分析概要，供讀者作為日後篩選個股以及進出場時間點的參考。

Q 在技術分析當中，有所謂的「騙線」，這指的是什麼？

A 前面我們曾經提到，透過各個 K 線的頂部和底部，分別會形成虛擬的「支撐線」和「壓力線」，我們可以藉此決定進出場的時機點，考慮是該買進還是該賣出。可是，如果我們只是藉由看 K 線圖就決定進出場點，很容易就會被騙線給套住。而所謂的騙線，就是指有心人會在最後一盤拉高或者是殺低股價，進而改變最後的「收盤價＋最高價」或是「收盤價＋最低價」，扭轉了最後的 K 線長相，使得投資人誤判形勢，作出與盤勢相反的操作而虧錢。因此，使用技術分析，萬萬不能只單靠一種指標、型態或線形圖，還要搭配其他的技術分析才會比較安全和準確。

配合 K 線圖＋支撐線來衡量股價

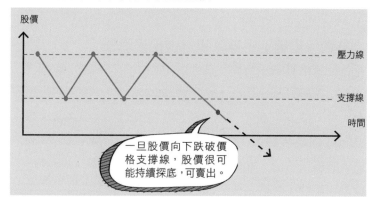

配合 K 線圖＋壓力線來衡量股價

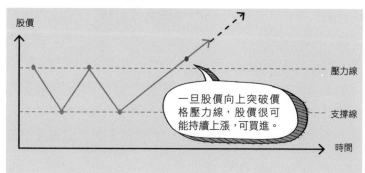

Q 那麼 K 線還可以搭配哪些技術指標，作為判斷進出的依據呢？

A 接下來，我們首先介紹移動平均線。除了 K 線圖之外，如果投資人可以搭配移動平均線來輔助決定進出場點，應該就不會那麼武斷，進而陷於套牢或虧損的危機之中了。

先以短期而言，主力或作手可以用砸錢的方式，在尾盤拉抬個股，做出幾天的紅 K 棒欺矇散戶，誘騙散戶進場。但是，若以中長期的角度來看，主力或作手的口袋可能就沒有這麼深，很難作到拉抬一個月，甚或一季、半年、一年等的線圖來欺瞞投資人。所以，我們可先以 K 線圖為基底，觀察股價是跌破支撐線或是突破壓力線，再搭配移動平均線所透露出的訊息，比較可以讓我們確認股價的動向，作為進出場的訊號。

「移動平均線」也可以提供進出場訊號

Q 什麼是移動平均線？它也跟「壓力」或「支撐」有關嗎？

A 所謂的移動平均線，是指將過去某一段時間內（可以是週、月、季或年等），一支股票收盤價的平均值連接成線，這條線就是移動平均線（Moving Average，MA）；根據所採用的區間不同，就會被稱為「週線」、「月線」、「季線」或是「年線」。因為移動平均線是計算出股價在某一段期間內，所有買進該支個股投資人的平均持股成本，因此，它會隨著每日股價的漲跌而有不一樣的數值，而這些數值也會代表投資人持有該個股平均成本的變化及趨勢。所以，搭配觀察每日收盤價與平均成本線的相對位置變化，便可以用來研判未來股價走勢的方向。

跟之前的 K 線一樣，我們接下來先介紹一下移動平均線的畫法。瞭解如何畫出「移動平均線」之後，將有助於我們運用移動平均線來判斷進出場的訊號，同時認識什麼是「黃金交叉」，什麼是「死亡交叉」。

移動平均線的分類

移動平均線分類	計算的交易日長短	名稱
短期移動平均線	5 日平均線	週平均線或週線
	10 日平均線	雙週平均線或雙週線
中期移動平均線	20 日移動平均線	月平均線或月線
	60 日移動平均線	季線
長期移動平均線	240 日移動平均線	年平均線或年線

週線的計算釋例

營業日	1	2	3	4	5	6	7
收盤價	30.5	30.7	31.2	31.4	31.5	31.9	32.1
MA5					31.1	31.3	31.6

　　如果我們以 5 日平均線（一般稱為週線，在技術分析圖上，會以 MA5 表示）的畫法為例，它就是每次都只是找最近期的「五個」股價計算其平均數，然後將這些平均數描點成線，就形成了週線。

　　以上表為例，先計算出前五個交易日的股價平均值是31.1。接著，再計算出第二天到第六天這五天的股價平均值是 31.3（因為我們只是找出五個收盤價作平均，這時候，我們會捨掉第一天的收盤價，加上第六天的收盤價，原因是接下來對於第七天股價的變化預測，以第六天的股價來預估，會比使用第一天的股價來得更具有參考價值）。再來是第三天到第七天這五天的股價平均值是 31.6。仿此做法，逐次計算之後，再把這些平均值連接成一線，就是五日的移動平均線。而同樣是選取五個交易日的收盤價作計算，但是因為股價在這段期間有漲有跌，就會影響移動平均線的位置，進而有高低起伏的情形產生。

Q 那麼我們應該如何取捨計算的天期長短呢？

A 關於移動平均線計算的天期選擇，可以分為短期、中期及長期。通常短期移動平均線，大多會以 5 日（稱作週線）或 10 日（雙週線）為主；而中期的移動平均線，則大多會選擇 20 日作為計算基礎，這又稱為月平均線或月線；另外還有以 60 日為計算準據的，稱為季線。透過觀察 K 線或當天股價與移動平均線的相對位置，可以決定現在這個時候是該進場了，還是該退場了。

通常以單一條的移動平均線來說，當股價漲或跌至平均線附近時，將會產生壓力（因為有人會想要先下車、獲利了結，所以會出現短線的賣壓），或支撐的力道（因為短線已經跌深，會有逢低買盤進場，因此會有撐盤的力道出現）。所以，移動平均線也會被視為是壓力線或是支撐線。通常，收盤價向下跌破移動平均線時，表示該個股已經趨於弱勢，短線賣壓較大，應該要準備出場了；反之，如果股價向上突破移動平均線，表示買盤力道強勁，該個股已經轉趨於強勢，可以準備進場了。

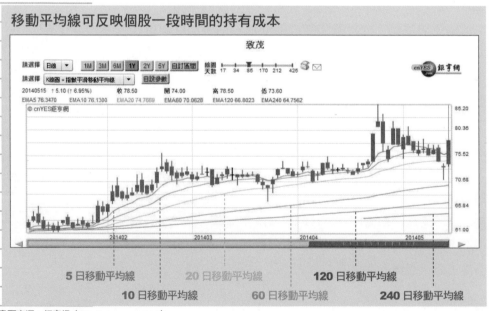

移動平均線可反映個股一段時間的持有成本

畫面來源：鉅亨網（http://www.cnyes.com/）

Q 所以移動平均線也可以當作我們進出場的參考嗎？

A 是的。如果從線圖上來看，我們會發現，過去常會有每當股價跌到某條平均線（例如：週線、月線、季線或年線）附近，就開始止跌回升了，那麼這條線就會被視為是「支撐線」。所以，如果我們在這條「支撐線」附近的價位買進，勝算就比較高；而如果跌破某條「支撐線」，可能之前買進的人因為被套住之後，一旦價位又回到該平均成本線附近，會想要先解套，就會形成短線的賣壓。這就是為什麼，移動平均線也可以被當作是「壓力線」的原因。例如，在過去某一段時間裡，股價好幾次碰觸到這個價格區間，就停止往上漲的價格帶，我們就會將之視為是「壓力線」。當然，這時候也要搭配觀察量能的變化，才能夠做出比較準確的判斷。

Q 常聽到利用移動平均線還可以判斷現在是多頭走勢或是空頭走勢，這要如何判別呢？

A 技術分析運用軟體經常將週線、月線、季線和年線等數值，同時標註顯示在線圖上，這些數值大小的變化會透露現在是多頭走勢或是空頭走勢。我們進一步說明如下。

　　如果我們把股價走勢圖跟這些移動平均線疊合在一起，就可以看出一些端倪。一般來說，移動平均線通常會顯示出以下幾種訊息：

★ 多頭排列

多頭排列的格局是愈長天期的平均成本線會出現在最下方。

　　以下圖為例，週線在最上方，季線在最下方。這是因為，股票如果是處在多頭格局，那麼愈早買進的持股平均成本會愈低，自然而然，它的線圖就會在最下方；代表持股愈久，買到的價位最低，所花的成本愈低，距離今天的收盤價就愈遠，價差愈大，賺的也愈多。這也就是多頭的走勢。

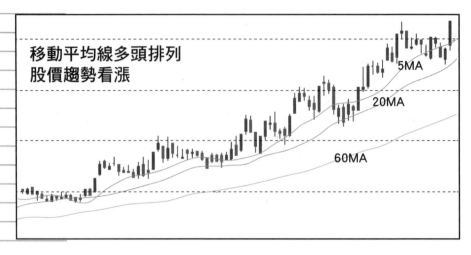

移動平均線多頭排列
股價趨勢看漲

5MA

20MA

60MA

下圖紅框為多頭排列

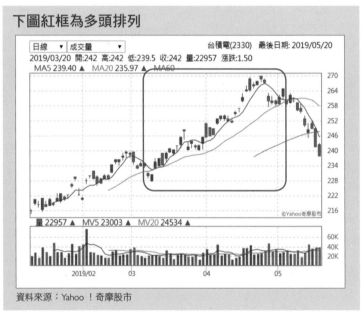

資料來源：Yahoo！奇摩股市

☆ 空頭排列

空頭走勢的排列方式剛好跟多頭走勢相反，空頭走勢是愈短
天期的均線會在下方、愈長天期的均線會在上方。

以下圖來看，季線的線圖在最上方，代表愈早買進、持
有愈久，所買進的成本愈高、套的愈深，相較於今天的收盤
價就愈遠，價差愈大，虧的也愈多。這也就是空頭的走勢。

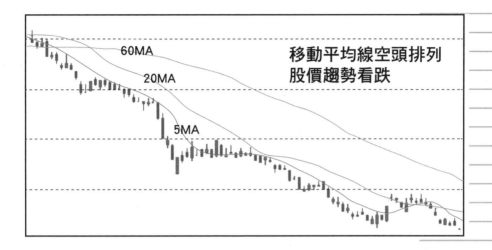

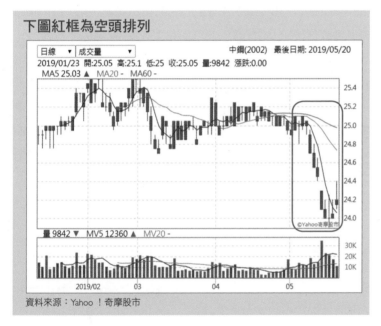

資料來源：Yahoo！奇摩股市

INFO 多頭排列

短期均線 ＞ 中期均線 ＞ 長期均線，買進股票

INFO 空頭排列

短期均線 ＜ 中期均線 ＜ 長期均線，賣出股票

Ⓠ 那麼，從均線又要如何判斷現在是黃金交叉或死亡交叉呢？

Ⓐ 所謂的黃金交叉，是指短天期的均線由下往上，穿越長天期的均線。當股價已經逐漸從谷底翻轉向上時，因為短天期的成本均線較為敏感，所以，就會率先從向下的走勢，反轉向上。而因為較長天期的成本均線，並不會因為短暫幾天股價的反彈就馬上改變其走勢，所以還是呈現原來下彎的走勢，這時，短天期的成本均線往上，跟還是向下彎的長天期均線相交叉，就形成了黃金交叉，也就是短期進場的訊號出現了。

而所謂的死亡交叉是指，短天期的均線由上往下跌破長天期的均線。當股價已經逐漸從高點翻轉向下時，因為短天期的成本均線較為敏感，所以，就會率先從往上的走勢，反轉向下；而因為較長天期的成本均線並不會因為短暫幾天股價的下跌就馬上改變其走勢，所以還是呈現原來往上的走勢，這時，短天期的成本均線往下，與還是向上走的長天期均線相交叉，就形成了死亡交叉，也就是短期出場的訊號出現了。

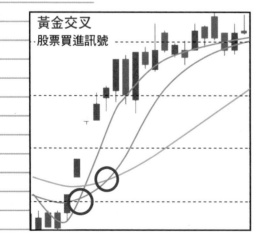

黃金交叉
股票買進訊號

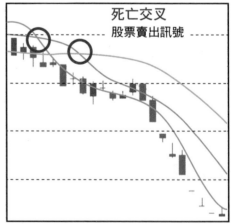

死亡交叉
股票賣出訊號

下圖黃色框為黃金交叉，紅色框為死亡交叉

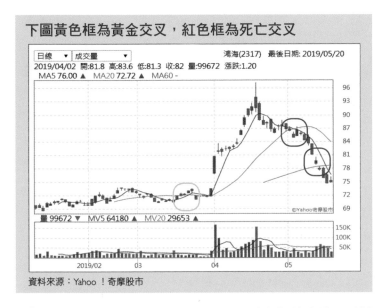

資料來源：Yahoo！奇摩股市

Q 我們有時候也會聽到分析師說，目前各期的均線呈現糾結，請問這又代表什麼意思？

A 所謂均線糾結，是指長短期的均線小幅度地交叉糾結在一起，分不出來現在短天期的均線是向上或者向下交叉長天期的均線。這代表個股目前是處於盤整的時期，股價走勢渾沌不明，投資人在此時應該要保持觀望為宜。

下圖紅框為均線糾結

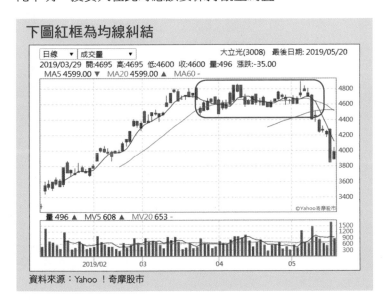

資料來源：Yahoo！奇摩股市

Ｑ 那麼，我們要如何把自己買進的成本跟各期的均線配合使用，找尋進出場點呢？

Ａ 瞭解了成本均線的概念之後，我們便可以觀察自己買進時的價位，同時和短期、中期、長期的移動平均線數值做比較。如果當日的收盤價同時大於短期、中期、長期的移動平均線數值，代表該個股是處於多頭的格局，持股可以續抱，甚至考慮加碼；相反地，如果當日的收盤價同時小於短期、中期、長期的移動平均線數值，代表該個股是處於空頭的格局，除了考慮減碼之外，也要設定停損點，儘早出場，以免愈套愈深。

搭配 MA 指標找尋進出場訊號表

如何判斷進出場訊號？	
股票進場訊號	觀察每日收盤價 > MA5、MA20、MA60
股票出場訊號	觀察每日收盤價 < MA5、MA20、MA60
5 日均線（MA5）代表周線 20 日均線（MA20）代表月線 60 日均線（MA60）代表季線 120 日均線（MA120）代表半年線	

＊如果MA同時滿足大於（小於）MA20、MA60、MA120時，代表此時較適合進（出）場

心動也要
行動！

今天是 ＿＿＿ 年 ＿＿ 月 ＿＿ 日

我想投資的股票是 ＿＿＿＿＿＿＿＿＿ ，代號是 ＿＿＿＿＿

想買的原因是：

今天是 ＿＿＿ 年 ＿＿ 月 ＿＿ 日

我想投資的股票是 ＿＿＿＿＿＿＿＿＿ ，代號是 ＿＿＿＿＿

想買的原因是：

技術指標介紹：
MACD 指標

除了 K 線和成本均線之外，用來確認趨勢的 MACD（指數平滑異同移動平均線）指標，也是很實用的一項技術分析指標。對於某些已經被列為關注的標的個股，我們可以一個一個地使用前面介紹的這些技術指標來逐步盤點分析，這樣對於進出場時間點的掌握，將會更加精準。

- 用 MACD 指標判斷中長期波段走勢
- 學會解讀快線、慢線、柱狀圖，判斷進出場時機

Q 什麼是 MACD？它可以幫我們預測什麼？

A 所謂 MACD 指數平滑異同移動平均線的基本原理，是運用兩條不同速度的指數平滑移動平均線，觀察這兩條曲線在一段期間內之相對變化，作為判斷盤勢的指標；MACD 具有確認中長期波段走勢之功效。

MACD 的原理，是以較長天期（稱之為 MACD 線，又稱為慢線）之移動平均線，作為大趨勢的走向，再以短天期（稱之為 DIF 線，又稱為快線）之移動平均線，作為短期趨勢的走向。藉由這兩條線的走勢變化，以及這兩條線分分合合所形成的差離值（DEF 值）等這三種線索，用來「確認」個股目前是屬於多頭走勢或是空頭走勢，甚至還可以進一步細分成現在是多頭走勢當中短暫的回檔，還是已經步入空頭？現在只是空頭走勢中的反彈格局，還是開始轉向多頭？這些投資朋友們常見的疑惑，都可以透過解讀 MACD 找到線索。

Q 只要透過分析 MACD 當中兩條不同速度的指數平滑移動平均線，就可以知道現在的趨勢狀態了嗎？

Ⓐ 有別於前一章節關於移動平均線的分析，只是以短期、中期、長期均線的相對位置，就可以約略判斷出現在的行情是屬於多頭走勢還是空頭走勢，MACD 除了「快線」（短天期的均線）和「慢線」（長天期的均線）之外，還增加了線與線之間的差距變化，進一步作為多空走勢的確認。如此一來，在判斷行情走勢時，至少多出一個線索，提高了準確度。

　　至於什麼是線與線之間的差距變化，我們又要如何得知呢？這個變化，又可以如何來協助我們判斷行情呢？做法是以短天期（就是快線；DIF 線）的移動平均線，減去長天期（就是慢線；MACD 線）移動平均線，就會得到一個稱為「DEF」（也有稱為 Osc-Oscillator 的縮寫）的數值，我們再將這些 DEF 數值畫在線圖上，通常是以柱狀體來表示。

DEF 計算公式

短天期（快線、DIF 線）的移動平均線 － 長天期（慢線、MACD 線）移動平均線 ＝ DEF 值

　　當 DEF 的數值是在水平線（零軸）以上時，是為正值；在水平線（零軸）以下時，則為負值。這些正負值的長短，會隨著長天期、短天期均線的相對變化分分合合，因此，在 MACD 的線圖上，就會顯示出三種數據所形成的趨勢型態，分別是 DIF 線（快線）、MACD 線（慢線），以及 DEF 柱狀圖。透過這三者的變化，可以確認和判斷出目前的行情是多頭、空頭、漲多回檔，還是跌深反彈等走勢。它的基本原理如下：

- 當「快的移動平均線」與「慢的移動平均線」二者交會時，代表趨勢已經發生反轉。
- 再觀察 DEF 柱狀體的高低消長。如果出現正負值的交替變化，也是趨勢發生反轉的訊號。

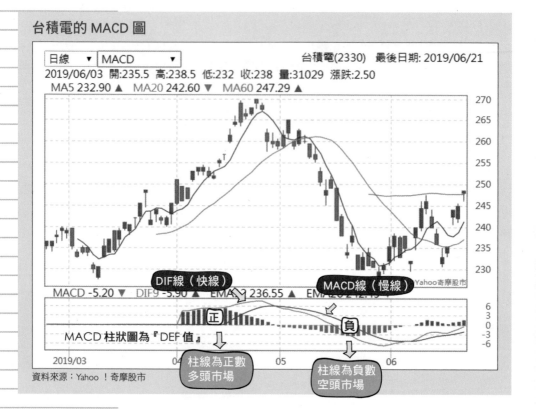

台積電的 MACD 圖

日線 ▼　MACD ▼

台積電(2330)　最後日期: 2019/06/21

2019/06/03 開:235.5 高:238.5 低:232 收:238 量:31029 漲跌:2.50
MA5 232.90 ▲　MA20 242.60 ▼　MA60 247.29 ▲

MACD -5.20 ▼　DIF9 -5.90 ▲　EMA12 236.55 ▲　EMA26 242.15

DIF線（快線）

MACD線（慢線）

Yahoo奇摩股市

正

負

MACD 柱狀圖為『DEF 值』

柱線為正數
多頭市場

柱線為負數
空頭市場

2019/03　　04　　05　　06

資料來源：Yahoo！奇摩股市

Ⓠ　MACD 除了有兩條線，還有兩條線的差離值……這樣會不會有點複雜？

Ⓐ　想要透過 MACD 判斷行情走勢，除了找出常見的以兩條線的交叉點（是在零軸以上交叉或是在零軸以下交叉？）作為判斷趨勢的變化之外，還需要加上兩條線的差離值（DEF柱狀體），其所在的位置（是在零軸以上或是在零軸以下？）以及消長變化（柱狀體是逐漸變長或是逐漸變短？）加以綜合判斷。有人會認為訊息這麼多，會不會相對複雜難懂？其實，如果懂得其間的邏輯關係之後，MACD 是相當好辨認運用的。接下來，我們區分幾個情境，一一解釋其間重要的關鍵點。

MACD 的多頭和空頭走勢

　　首先，當 DIF 線、MACD 線以及 DEF 柱狀圖都位在水平線（零軸）以上時，就代表個股正處於典型的多頭時期；而當 DIF 線、MACD 線、以及 DEF 柱狀圖都位在水平線（零軸）以下時，就代表個股正處於空頭時期。如果是在這兩個明顯的階段當中，投資人自然就可以順勢而為了。

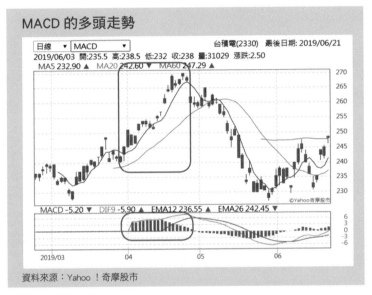

MACD 的多頭走勢

資料來源：Yahoo！奇摩股市

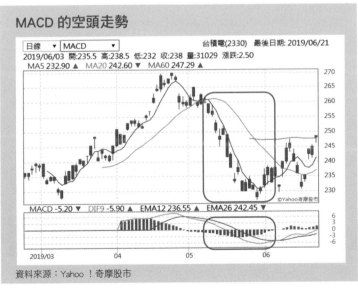

MACD 的空頭走勢

資料來源：Yahoo！奇摩股市

MACD 的黃金交叉和死亡交叉

　　另外，如果當 DIF 線（快線）由下往上穿越 MACD 線（慢線）時，按照前面我們所提到的，這就是黃金交叉的概念，代表個股短期的走勢優於長期的走勢，個股短線交投熱絡的結果，股價繼續上漲的機會就比較高。這就是 MACD 的「黃金交叉」，投資人可以在此時準備進場。

MACD 的黃金交叉，注意買點

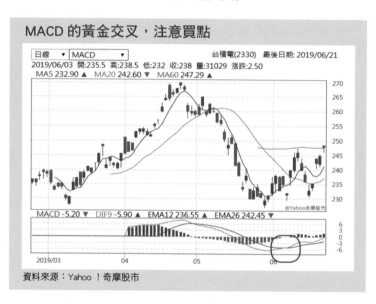

資料來源：Yahoo！奇摩股市

MACD 的死亡交叉，注意賣點

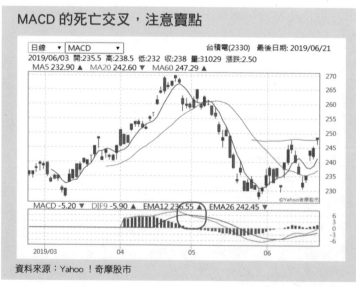

資料來源：Yahoo！奇摩股市

☆ 搭配 DEF 柱狀圖，確認進出場點

這是屬於一種落後的確認指標。藉由兩條線分分合合計算出來的 DEF 柱狀圖，也能據以判斷出多空走勢，以及買賣、進出場的訊號。判斷的原則如下：

- 當 DEF 柱狀體為正數，也就是在零軸以上時，代表目前個股是處於多頭趨勢。
- 當 DEF 柱狀體為負數，也就是在零軸以下時，代表目前個股是處於空頭趨勢。
- 如果 DEF 柱狀體由負轉正時，就會是一個進場訊號；DEF 柱狀體由正轉負時，就會是一個出場訊號。

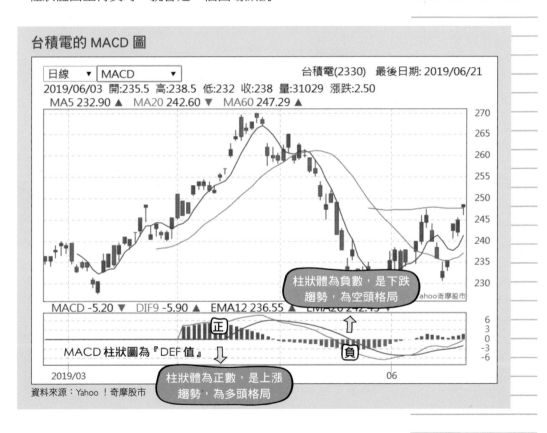

台積電的 MACD 圖

資料來源：Yahoo！奇摩股市

指標背離通常是趨勢反轉的跡象

Q 有沒有可能DEF柱狀圖與DIF線（快線）及MACD線（慢線），所提供的進出場訊息不一致？如果有這種情況發生時，又該怎麼辦呢？

A 前面提到過，如果 DIF 線（快線）、MACD 線（慢線）、DEF 值（柱狀體）三者都在零軸以上的話，那是典型的多頭走勢格局；而如果 DIF 線（快線）、MACD 線（慢線）、DEF 值（柱狀體）三者都在零軸以下的話，那就是典型的空頭走勢格局。如果 DIF 線（快線）、MACD 線（慢線）與DEF 值不一致，我們稱之為「指標背離」；通常指標背離就是趨勢反轉的一種信號燈。

DIF 線、MACD 線、DEF 值都在零軸以上	多頭走勢
DIF 線、MACD 線、DEF 值都在零軸以下	空頭走勢
DIF 線、MACD 線與 DEF 值不一致	指標背離

這是趨勢反轉的信號燈！

以下，我們分成兩種情境加以分析：

情境❶ 跌深反彈

當 DEF 柱狀體在水平線（零軸）以上，可是 DIF 線和 MACD 線卻在水平線（零軸）以下，這種背離的情況，表示股價目前是處於空頭格局，但因為股價跌深了，出現反彈。

至於未來是否轉趨多頭，還得要注意 DIF 線和 MACD 線是否已經有慢慢冒出零軸的趨勢。此時投資人雖然可以搶反彈，但手腳要快，以避免被套牢。

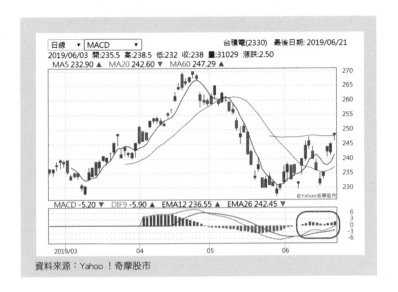

資料來源：Yahoo！奇摩股市

情境② 漲多回檔

當 DEF 柱狀體在水平線（零軸）以下，可是 DIF 線和 MACD
線卻在水平線（零軸）以上，這種背離的情況，表示股價目前
是處於多頭格局，但因為股價漲多了，出現回檔。

　　至於未來是否轉趨空頭，還得要注意 DIF 線和 MACD 線是
否已經有慢慢跌落零軸的趨勢。此時投資人雖然可以找機會放
空，但仍要注意趨勢，避免被軋空。

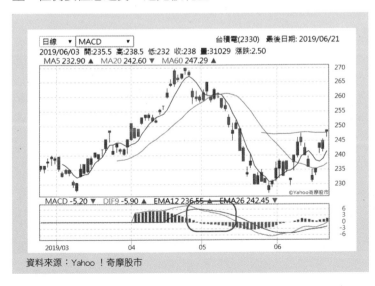

資料來源：Yahoo！奇摩股市

MACD 是一種落後的確認指標

(Q) 既然 MACD 有這麼多種排列組合的趨勢分析模式,那麼可不可以只用 MACD 來解盤就好?

(A) 雖然 MACD 指標也是常用的技術分析指標之一,不過,MACD 所呈現出來的趨勢,往往會在個股已經上漲了一小段,或是已經跌了一小段之後,才會開始反應,是屬於一種落後的確認指標,而非領先的預測指標。基於這些特性,對於天天盯盤的投資人來說,可以用來參考、確認走勢;但是對於想要短進短出的投資人來說,MACD 呈現的買賣點還不夠即時,特別是遇到盤整時,更是使不上力。所以,我們在使用 MACD 時,還是建議要搭配其他技術分析的指標一起使用,才能夠穩健地抓住波段中的高點和低點。

最後,我們將 MACD 各種可能的情境,整理如下圖,供讀者參閱。

MACD 各種情境分析說明

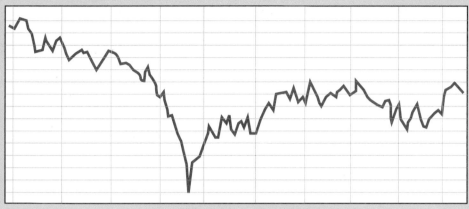

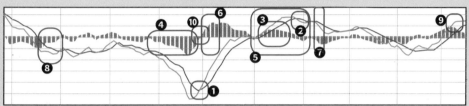

❶ 當 DIF 線由下往上穿越 MACD 時，代表中長期漲勢確立，是買進訊號

❷ 當 DIF 線由上往下跌破 MACD 時，代表中長期跌勢確立，是賣出訊號

❸ DEF 柱狀體在水平軸之上，表示 DIF 值減 MACD 為正，是上升趨勢

❹ DEF 柱狀體在水平軸之下，表示 DIF 值減 MACD 為負，是下跌趨勢

❺ 若 DIF-MACD（DEF 柱狀體）為正，且 DIF 與 MACD 線在水平軸之上，代表多頭走勢

❻ 若 DIF-MACD（DEF 柱狀體）為正，但 DIF 與 MACD 線在水平軸之下（表示空頭走勢），應先視為跌深反彈

❼ 若 DIF-MACD（DEF 柱狀體）為負，但 DIF 與 MACD 都在水平軸之上（表示多頭走勢），先視為漲多回檔

❽ 若 DIF － MACD（DEF 柱狀體）為負，且 DIF 與 MACD 都在水平軸之下，代表空頭走勢

❾ 股價頻創新高，但 DEF 柱狀體未創新高時，為負背離現象，是賣出訊號

❿ 股價頻創新低，但 DEF 柱狀體未創新低時，為正背離現象，是買進訊號

技術指標介紹：KD、RSI 指標

除了前述的均線、K線、MACD 等技術指標可以用來判別個股走勢之外，其他像是 KD 及 RSI 指標，也是短線投資人必要的參考指標。本單元將為讀者們介紹這些指標的用法。

單元重點

- KD 指標反映股價在最近幾天的相對強弱，投資新手必學！
- RSI 指標可以指示超買超賣，判斷未來走勢就靠它！

KD 指標：解構高低價位與收盤價之間的關係

Q 市場上也看到很多用 KD 來解盤的，這個指標的觀念是什麼？應該要怎麼使用呢？

A 在技術分析中，很多投資人除了會使用 K 線圖來預測股價的走勢之外，也經常搭配使用 KD 線值來觀察目前市場上買賣雙方交易的熱絡程度，以及該檔個股當天高、低價位與收盤價間的關係。接下來，我們就來介紹一下也算是萬人迷的 KD 指標。

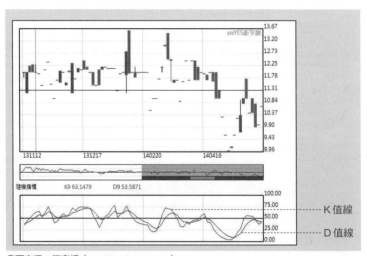

畫面來源：鉅亨網（http://www.cnyes.com/）

KD 指標，最早是由美國人喬治・萊恩（George C. Lane）在 1957 年創立的，全名稱為 Stochastic Oscillator（隨機指標）。這個名詞光看就知道有多「數學」；但是，就跟前面我們介紹的其他技術分析指標一樣，我們將著眼於它重要的邏輯觀念以及這項指標的實用性，不會花篇幅討論和推導這個指標的公式。不過，從 KD 指標可以在技術分析的領域之中屹立不搖超過一甲子，就可以知道它的確具備實用性，而且是禁得起考驗的。

雖然如此，應該還是會有很多人知其然而不知其所以然；有些投資人只能記憶其口訣，就這麼一招半式闖江湖，於是時靈時不靈。如果是這樣，試問一個未曾深入瞭解的指標，你敢用你的血汗錢來試驗嗎？如果不想讓自己辛苦得來的真金白銀不明不白地付諸流水，接下來，我們就試著先用很簡單的說明，讓你沒有負擔地「秒懂」，能夠在未來使用 KD 指標時更加得心應手、理直氣壯！

KD 指標公式說明

K 和 D 其實是兩條線，藉由觀察這兩條線的走勢變化，可以預測盤勢。至於這兩條線是如何產出的？基於過去的經驗值，一般技術分析的軟體，通常會將 K、D 指標的參數設定為 9 日；而在計算 K 和 D 時，選取的平滑值會用 3，因此，在技術指標關於 K、D 的參數選擇，會看到（9, 3, 3）這樣的一組數字。接下來，我們就來快速地瞭解產出 K、D 兩條線的步驟：

步驟❶

先計算出「未成熟隨機值」（Raw Stochastic Value，RSV），公式如下：

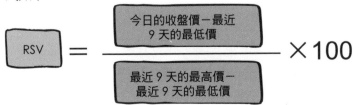

$$\text{RSV} = \frac{\text{今日的收盤價}-\text{最近 9 天的最低價}}{\text{最近 9 天的最高價}-\text{最近 9 天的最低價}} \times 100$$

計算 K、D 值，公式如下：

$$\boxed{當日K值} = \boxed{前日K值} \times \frac{2}{3} + \boxed{\begin{array}{c}當日\\RSV值\end{array}} \times \frac{1}{3}$$

$$\boxed{當日D值} = \boxed{前日D值} \times \frac{2}{3} + \boxed{當日K值} \times \frac{1}{3}$$

 若無前一日的 K 值與 D 值，可以分別用 50 來代入計算，經過長期平滑的結果，起算的基期雖然有所不同，但是會趨於一致，差異也就很小。

假設今天是 9 月 10 日，那麼當日的 K 值算法和當日的 D 值算法，就會是：

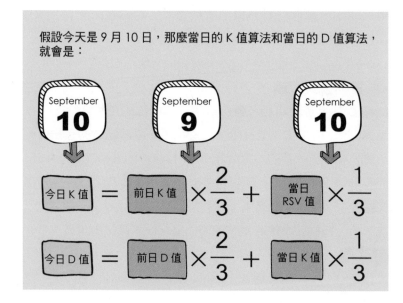

Ⓠ 從 K、D 的公式，可以看出什麼端倪嗎？

Ⓐ 從步驟①的公式當中，我們可以理解 RSV 的數值由來，是把過去九天內股價的最高點與最低點的差距（表示波動程度）當作分母，再把當天的收盤價跟過去九天內最低點價位

的差距，當作分子（表示今天的收盤價距離過去九天的最低點有多遠），將這兩個數字相除之後，就是 RSV 值。這個數值可以衡量出當天的收盤價在過去這九天內，表現是相對強勢，還是相對弱勢。因為：

★ 如果今天的收盤價，比較接近於過去這九天的最高點時，那麼分子一定會比較大，這個數值也就比較大，代表行情是相對強勢的。

★ 如果今天的收盤價，比較接近於過去這九天的最低點時，那麼分子一定會比較小（極端狀況就是零，表示今天的收盤價就是過去九天的最低點），這個數值也就比較小，代表行情是相對弱勢的。

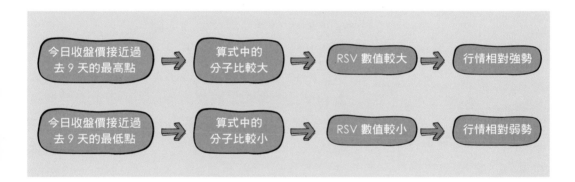

· 當股市是處於多頭格局時，收盤價理當比較接近這九日的最高價，因此，RSV 值會較大。
· 當股市是處於空頭格局時，收盤價理當比較接近這九日的最低價，因此，RSV 值會較小。
· RSV 數值的意義，就是在反映近期收盤價在過去這九日中，價格區間的相對位置。

　　再從步驟②的公式當中，我們可以理解：K 值是由當日的 RSV 占 1/3 權重，而前一日的 K 值占 2/3 權重，計算而得的；也是一種加權移動平均的概念。

☆ D 值是由當日 K 值占 1/3 權重，而前一日的 D 值占 2/3 權重計算而得的；也是一種加權移動平均的概念。

☆ 經過兩次的移動平滑計算之後，D 值變化速度就較慢，把每天的 K 值描點成線之後，就成為較快速的轉折線。

重點 ▶ KD 指標利用九天內的最高價和九天內的最低價，透過計算出 RSV、K 值、D 值這三個數值來反應個別股價（或指數）的動能，藉以找出個股或指數的走向。

要提醒讀者的是，因為技術分析軟體的數值／參數可以讓我們自由選取；因此，如果我們不想選取九天來計算數值的話，可以改為 N，再從這 N 天的週期中，先按前述步驟一的公式，計算出隨機指標——也就是先找出最近 N 天當中曾經出現過的最高價、最低價與第 N 天的收盤價，然後再利用這三個數字計算出第 N 天的未成熟隨機值（RSV），接著才能計算出 K 值和 D 值，繼而描點成線。但不管 N 的選擇為何，K 值與 D 值永遠會介於 0 與 100 之間。

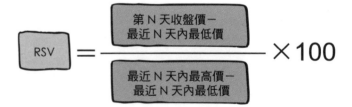

$$\text{RSV} = \frac{\text{第 N 天收盤價－最近 N 天內最低價}}{\text{最近 N 天內最高價－最近 N 天內最低價}} \times 100$$

重點 ▶ 所謂的 KD 指標，是由 K 線（快速平均值）和 D 線（慢速平均值）組合而成的，K 值和 D 值會在 0 ～ 100 之間變動，我們可以從這兩條線的變化判斷行情。

從 KD 的相對位置找買賣點

Q 那要如何解讀 KD 指標呢？

A 從公式中可以看出，K 線與 D 線應該要朝著同一個方向（趨勢）發展，但是因為 K 值的波動程度會比 D 值來得大（好比我們在之前的章節提過的快線跟慢線的概念），因此，快線跟慢線就會有交叉點。而當 K 線與 D 線交叉時，就會是一個較為明確的買進或賣出的訊號。

K 線、D 線其實可以視作移動平均線的延伸。但是因為移動平均線只是以收盤價來計算，而 K、D 線數值的產生除了利用到收盤價之外，還有使用到最高價與最低價。所以，對於預測市場的短期趨勢，KD 線就會更為靈敏。我們把解讀 KD 的重點摘要整理如下：

① 當行情有一個明顯的漲／跌勢時，將帶動 K 線與 D 線向上走升／向下走跌。

② 當 KD 兩線在 80 以上交叉時，會被視為是進入超買區，表示短線投資人太過樂觀，可能會有漲多回檔的情況，這時候投資朋友就要注意找賣點。

③ 當 KD 兩線在 20 以下交叉時，會被視為是進入超賣區，表示短線投資人太過悲觀，可能會有跌深反彈的情況，這時候投資朋友就要注意找買點。

④ 當 KD 兩線在 50 附近交叉，但股價走勢又陷入盤整時，這樣的買賣訊號應視為無效。

⑤ 當 K 值大於 80，D 值大於 70 時，表示當日收盤價是在偏高的價格帶，因此，也可以視為是超買的狀態；而當 K 值小於 20，D 值小於 30 時，表示當日收盤價是偏低的，也可以視為是超賣的狀態。

⑥ 當 D 值跌到 15 以下，意味市場投資人可能太過悲觀，個股處於嚴重的超賣狀況，通常這是買入訊號；而當 D 值超過 85 以上，意味市場投資人是處於瘋狂追價之中，個股處於嚴重的超買狀況，通常這是賣出訊號。

K 線和 D 線在 80 以上交叉	找賣點
K 線和 D 線在 20 以下交叉	找買點
K 線和 D 線在 50 附近交叉、股價陷入盤整	無效的買賣訊號

K 值 > 80，D 值 > 70	超買	找賣點
K 值 < 20，D 值 < 30	超賣	找買點

D 值 > 85	市場過熱	賣出
D 值 < 15	嚴重超賣	買入

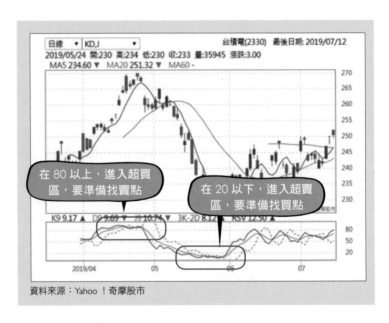

資料來源：Yahoo！奇摩股市

相對強弱指標 RSI 是根據漲久必跌、跌久必漲的原理

Q RSI 跟 KD 指標是不是有類似的門檻值，可以提供給投資人判斷適當的進出場點？

A 的確如此。相對強弱指標 RSI（Relative Strength Index，RSI）最早是被用在期貨市場上的交易，後來有人將該指標運用在股票市場，作為進出場的準據，成效也十分不錯；經過改良之後，現在的 RSI 也已經成為股票投資人應用最為廣泛的技術指標之一。我們一樣先從 RSI 的計算公式介紹起，接著再說明 RSI 的特點以及它如何運用在進出場訊號的判斷上。

我們以最常用的 5 日 RSI 公式說明：

$$\boxed{5\text{日RSI}} = 100 \times \left(1 - \cfrac{1}{1 + \cfrac{\boxed{5\text{日收盤價上漲平均數}}}{\boxed{5\text{日收盤價下跌平均數}}}} \right)$$

現在，我們舉一個實例來說明 RSI 該如何計算：

營業日	1	2	3	4	5	6（今日）
收盤價	29.5	29.7	28.6	28.5	28.0	27.5
MA5	-	0.2	-1.1	- 0.1	- 0.5	- 0.5

5 日 RIS 的數值如下：

$$100 \times \left(1 - \cfrac{1}{1 + \cfrac{0.2/5}{1.1+0.1+0.5+0.5/5}} \right) = 8.33$$

RSI 指標的進出場訊號

從上述公式、以及利用公式算出來的結果顯示，RSI 是一種用來評估「買賣雙方力道孰強孰弱」情況的技術指標，對於個股超買或超賣的狀況，以及預測股價是不是已經到了底部區，具有顯著的作用。

首先，要計算出某一段時間內（例如上例是 5 日內）該個股買賣雙方的力量；就是以 5 日之內，該個股的平均漲幅和平均跌幅，套入公式計算後的數值，拿來作為超買、超賣的參考準據，並分析市場的未來走向。

至於這一段時間要設定多長？倒沒有一定的標準。但是 RSI 所使用的主要參數值（就是基期天數）多寡，肯定會影響計算出來的數值結果。如果設定的時間區間太短，那麼 RSI 的指標就會太過敏感，使用者因此就會頻繁地進出；如果設定的時間區間過長，也會讓指標顯得遲鈍，而讓英雄無用武之地。因此，市場上大多數的技術分析軟體的設定值，會選定在週（5 日）、雙週（10 日）或月（20 日）來當作參數。在使用上，需注意有以下幾個特點：

① 當買盤力道較為薄弱時，價格會往下走，因此分母中「下跌」的平均數就會變大；相反地，當賣方力量較小、買方力道較強時，價格就會往上。所以，分子「上漲」的

RSI 指標訊號圖

如何判斷進出場訊號？	
進場訊號	RSI（5）＞ RSI（10）＞ RSI（20）
出場訊號	RSI（5）＜ RSI（10）＜ RSI（20）

RSI 數值＜ 20 且跌幅已深	逢低搶進
RSI 數值＞ 80 且漲幅已大	準備出脫
RSI 數值介於 20 ～ 80 之間	屬一般交易，無明確的買賣訊號

平均數就會變大。

② RSI 的數值，會落在 0 ～ 100 之間。當行情是處於噴出
行情，例如當盤勢全面連續上漲、屬於大多頭格局時，
會導致 RSI 趨近於上限值 100；相反地，如果行情很是
悲觀，屬於大空頭格局時，也會導致 RSI 趨近於下限值
0。

③ 當計算出來的數值逐步變大，表示該股票目前買氣逐漸
變強，未來上漲的空間自然也較大；而若數值逐步變小，
表示該股票目前是在走跌階段。

④ 當 RSI 數值低於 20，且下跌幅度已深，表示該股是處於
超賣狀態，隨時會有跌深反彈的契機。因此，投資朋友
可以準備逢低搶進。

⑤ 當 RSI 數值超過 80，且上漲幅度已大，表示該股是處於
超買狀態，隨時會有漲多回檔的危機。因此，投資朋友

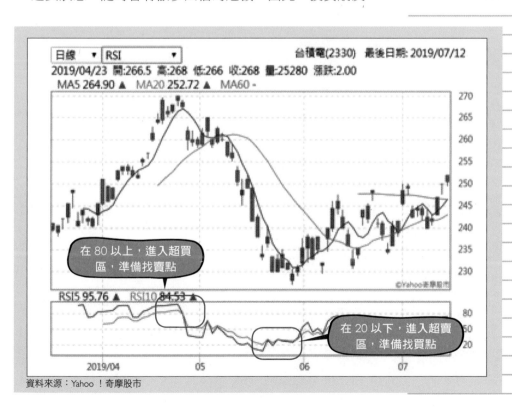

資料來源：Yahoo！奇摩股市

應該準備出脫個股。

⑥ RSI 數值若是介於 20 到 80 之間，則是屬於一般交易情況，並沒有明確的買訊或賣訊可言。

⑦ 可以利用各種天期計算出來 RSI 指標的相對位置，進一步觀察多頭和空頭行情的續航力道如何？例如當 5 日 RSI ＞ 10 日 RSI ＞ 20 日 RSI，也就是短天期的 RSI 曲線在長天期 RSI 上面時，顯示出市場是處於多頭行情，可以伺機找買點或是加碼買進優質股；反之，則為空頭行情。這一個特點，就和我們之前提到的 MA 移動平均線很類似。

當股價有反轉跡象時，RSI 指標將如何呈現？

（Q）我們也可以從 RSI 的變化，看出股價即將要反轉嗎？

（A）除了與移動平均線一樣，可以從各種天期計算出來 RSI 指標的相對位置，瞭解現在是多頭走勢還是空頭走勢之外，也可以藉由關注 RSI 數值的變化情形，預測股價是否即將反轉。我們可以歸納出兩個情況：

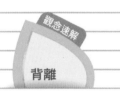

背離

指股價和技術分析指標呈現不一致的狀態。

★ 當股價從超買區（RSI 在 80 以上）快速掉落到 30 附近

★ 當股價從超賣區（RSI 在 20 以下）快速拉抬到 70 附近
有上述兩種情況出現時，就是強烈又明顯的反轉信號。

（Q）RSI 指標也會有背離或鈍化的情況嗎？

鈍化

指技術分析指標的型態發生黏結，造成該項指標失去指示意義。

（A）由於 RSI 的理論基礎是建立在個股的漲幅和跌幅之上，所以 RSI 指標的趨勢變化，也有可能會跟股價的漲跌趨勢不同。這種情形，就是所謂的「背離」了。

① 如果股價創新高，但是 RSI 指標卻沒有同步創新高，就表示漲勢後繼無力，投資人可以開始尋找獲利了結的賣點。

② 如果股價創新低，但是 RSI 指標卻沒有同步創新低，就表示差不多跌夠了，可能即將開始反轉向上，投資人可以準備進場買進股票。

③ 跟大多數的指標一樣，RSI 指標也會有鈍化現象。尤其是

當股市大漲或是大跌時，RSI 值會持續待在超買區和超賣區；即使股價持續上漲或是下跌，但 RSI 指標，卻仍只有微幅地增加或減少，我們稱此種現象為指標鈍化。出現鈍化時，RSI 指標是幾乎派不上用場的。因此，在極端的牛市或是熊市中，RSI 指標並不適用。

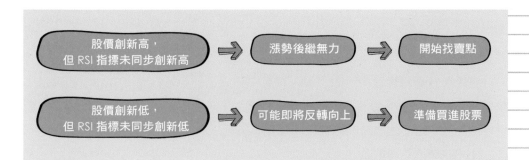

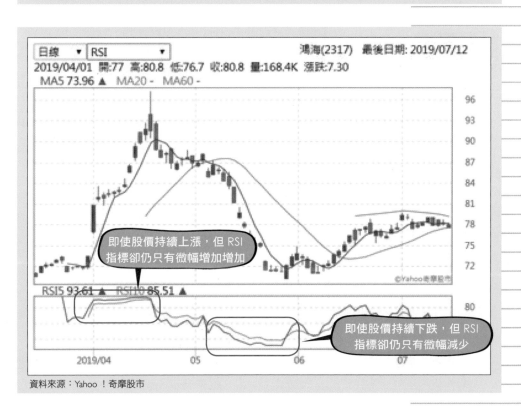

資料來源：Yahoo！奇摩股市

分析股價偏離的程度

利用物極必反的原理，BIAS 可看出成本與趨勢

乘離率，是指移動平均線和收盤價之間的乘離程度，也就是利用百分比幅度值來看出移動平均線究竟離行情價位有多麼遠。

在眾多技術指標當中，除了 MA 移動平均線之外，乘離率（BIAS）也可以用來看出，目前股價與市場平均成本的「距離」；再者，由於乘離率是以 MA 移動平均線為基準所衍生出來的指標，所以也具有可以看出未來發展趨勢的功能。

先來瞭解乘離率的公式：

$$N\text{日乘離率} = \frac{\text{當天股價} - \text{最近 N 日股價的平均數}}{\text{最近 N 日股價的平均數}} \times 100$$

我們可以從上面的公式中看到，乘離率是用來計算股價偏離 N 日移動平均線（MA）的程度如何。當此一數值愈大，代表目前股價偏離 N 日成本均線的程度愈大。換句話說，如果乘離率愈大，此時的股價與平均值的差距也就愈大，表示短線的波動程度過大，勢必將出現獲利了結（股價會下跌）或跌深反彈（股價將上漲）的情況。詳細解析如下：

正乘離：如果股價在平均成本線以上，就是正乘離。

正乘離率過高的時候，就會有人想要獲利了結，因此股價出現漲多回檔。（參考圖①）

負乘離：如果股價在平均成本線以下，就是負乘離。

負乘離率過高的時候，就會有人想要搶反彈，因此股價出現跌深反彈。（參考圖②）

就一般技術分析軟體中乘離率的線圖來說，乘離率除了會顯示出長天期和短天期的數據（日線、周線、月線）之外，還會多了一個柱狀圖（如下圖①和

圖②所示）。該柱狀圖是由「短天期」（在此例為 10 日）的乖離率，扣減掉「長天期」（在此例為 20 日）的乖離率而得。下圖①的柱狀圖是由 10 天的乖離率扣掉 20 天的乖離率。進一步說明如下：

⭐ 短天期的乖離率減掉長天期的乖離率是正數時，柱狀體會顯現在水平線的上方。

⭐ 短天期的乖離率減掉長天期的乖離率是負數時，柱狀體會顯現在水平線的下方。

通常技術分析的軟體可以讓我們選擇參數（是 5 日或是 10 日）。但即便參數的選擇或有不同，其中的道理是不變的。

如何從乖離率走勢，判斷現在是多頭市場還是空頭市場？

技術指標最主要的功能之一，就是能夠讓我們透過這些技術指標，判斷較佳的進出場時間點、或是瞭解現在是多／空頭市場。乖離率一樣具有可以判斷多／空頭市場的功能。至於

圖① 創意（3443）短線的正乖離過大（BIAS10 達到 5.67；BIAS20 達到 8.54），面臨漲多回檔壓力

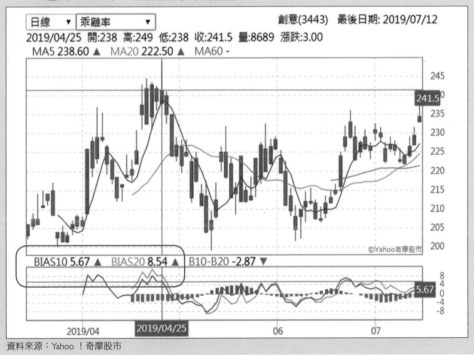

資料來源：Yahoo！奇摩股市

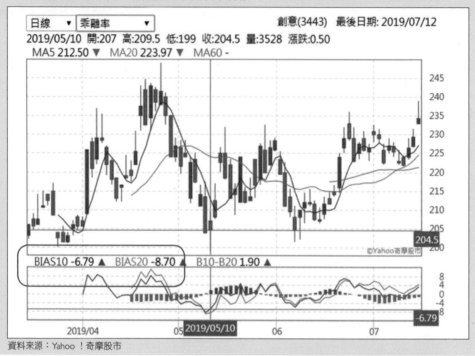

圖② 創意（3443）短線的負乖離過大（**BIAS10** 達到 **-6.79**；**BIAS20** 達到 **-8.7**），面臨跌深反彈契機

資料來源：Yahoo！奇摩股市

如何判斷？以下圖③為例，說明如下：

⭐ 當較長天期（BIAS20）和較短天期（BIAS10）的乖離率曲線，同時出現由上往下的走勢時，這就隱涵股價即將下跌的信號，也就是空頭走勢（如下圖左框）。

⭐ 當較長天期（BIAS20）和較短天期（BIAS10）的乖離率曲線，同時出現由下往上的走勢時，這就隱涵股價即將上漲的信號，也就是多頭走勢（如下圖右框）

乖離率透露出的買賣訊號

在約略判斷出多頭和空頭的走勢之後，接下來，我們可以進一步瞭解如何運用乖離率的數值變化（以下的數值是指其絕對值，也就是不包含正負符號），來掌握買賣的時機點。

⭐ 以採取 10 日均線的正乖離率來說，如果該數值達到 5% 以上（約是半根漲停板），表示短線有超漲的可能，是短線交易的賣出時機。如圖①

⭐ 以採取 10 日均線的負乖離率來說，如果該數值達到 5% 以上（約是半

圖③ 創意（**3443**）的多頭走勢及空頭走勢

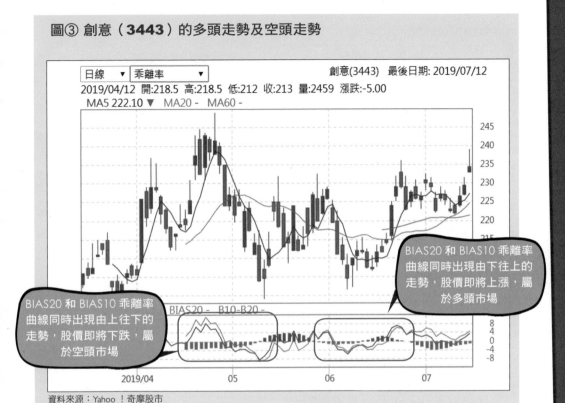

日線 ▼ 乖離率 ▼　　　　　　　　創意(3443) 最後日期: 2019/07/12
2019/04/12 開:218.5 高:218.5 低:212 收:213 量:2459 漲跌:-5.00
MA5 222.10 ▼　MA20 -　MA60 -

> BIAS20 和 BIAS10 乖離率曲線同時出現由下往上的走勢，股價即將上漲，屬於多頭市場

> BIAS20 和 BIAS10 乖離率曲線同時出現由上往下的走勢，股價即將下跌，屬於空頭市場

BIAS20 - B10-B20 -

資料來源：Yahoo！奇摩股市

根跌停板），表示短線有超跌的可能，是短線交易的買進時機。
如圖②

☆ 以採取 20 日均線的正乖離率來說，如果該數值達到 7.5% 以上（約是 3/4 根漲停板），表示短線有超漲的可能，是短線交易的賣出時機。
如圖①

☆ 以採取 20 日均線的負乖離率來說，如果該數值達到 7.5% 以上（約是 3/4 根跌停板），表示短線有超跌的可能，是短線交易的買進時機。
如圖②

 要提醒讀者注意的是，乖離率會因為設定的基期天數不同而出現不一樣的數值，這個時候參考點也就會有所不同。

乖離率可能失真的幾種情況

既然技術分析的各項指標是由一些公式所推導或觀察出來的，就有可能會在某些情況，或是因為人為的操弄、或是因為某些突如其來的消息或重大變因，造成指標失真；乖離率自然也會有這種指標失真的情況產生。以下

用 BIS 乖離率指標，判斷進出場訊號！

買進時機	10 日	負乖離率達 5% 以上
	20 日	負乖離率達 7.5% 以上
賣出時機	10 日	正乖離率達 5% 以上
	20 日	正乖離率達 7.5% 以上

列出使用乖離率當作進出場指標時，需要注意的事項：

① 一般說來，乖離率在正負 15％以內比較具有參考性，如果超過正負 15% 以上，很容易出現指標鈍化的現象。

② 如果市值或股本較小的個股，會因為流通在外的籌碼數相對較少，或者每天的成交量不足百張（有些較為謹慎的投資人，甚至會設定成交量不足千張），很容易被市場的主力和大戶們鎖定、操弄，或者是殺尾盤，或者是拉尾盤，進而出現股價暴起暴落的情形，所以正負乖離的數值自然會受到影響。因此，也就不適用以乖離率來作為進出場的依據。

③ 有時候個股會因為某些非經濟性因素（例如廠房失火，或是受到中美貿易戰的拖累等），造成短線股價起伏過大，進而出現乖離率的買賣信號太過頻繁的情形，使得投資人疲於奔命。

由於各項指標都有可能失真，建議投資人不要只鍾情於使用單一指標來判定是否該進場或出場，最好還是要搭配本書各單元提到的 K 線、KD 值、RSI 指標等，作出多方的判斷，如此既可以提高準度，也提升安全系數，確保我們可以穩穩地賺價差。其實，這也是符合俗語說的「小心駛得萬年船」，而這也是我們學習技術指標的真意！

乖離率 ±15% 以內	具有參考性
乖離率 ±15%以上	容易出現指標鈍化

心動也要行動！

今天是 ＿＿＿ 年 ＿＿ 月 ＿＿ 日

我想投資的股票是 ＿＿＿＿＿＿＿＿＿ ，代號是 ＿＿＿＿＿

想買的原因是：

今天是 ＿＿＿ 年 ＿＿ 月 ＿＿ 日

我想投資的股票是 ＿＿＿＿＿＿＿＿＿ ，代號是 ＿＿＿＿＿

想買的原因是：

第3天

籌碼面面觀

技術分析雖然可以讓人找到理想的進出場時間點，但是，股票的續漲動能主要還是來自於個別公司優質的基本面。；因此，我們在選擇標的之前，還應該瞭解個股的基本面，這樣才可以增加持股信心！換句話說，「技術面、基本面」內外兼俱的個股，才是好的投資標的，也會讓自己的投資組合更加靈活。

第**1**小時 以長線保護短線，多空都能賺好賺滿

第**2**小時 價量關係透玄機：不可不知的關鍵

第**3**小時 學會解讀經濟指標，讓你成為半個贏家

第**4**小時 搭配個股的基本面：買股如虎添翼

以長線保護短線，多空都能賺好賺滿

技術指標可以瞭解短期大盤或個股的強弱，但是，如果再多加瞭解其他資訊，更可以提高自己的勝算。本單元將說明外資如何帶領大盤風向、散戶又已經在哪些個股大量進駐、大股東又會在什麼時候棄守，先行落跑出脫了持股！

單元
重點

- 認識三大籌碼面：外資、融資融券、董監事持股
- 瞭解散戶、大戶、法人的傾向

解讀籌碼面指標，提高勝算

Q 之前提到，技術指標有時會有所謂的騙線或者「作價」的情況出現。那麼，我們可以再多參考哪些資訊來提高勝算呢？

A 想在股票市場提高勝算，除了可以根據前面所提及的各項技術指標之外，還有一個面向也是需要特別介紹的，那就是個股的籌碼面變化。因為觀察個股籌碼的流向變化，可以預測該檔個股在可預期的未來，是比較偏向多頭還是空頭走勢，以利作出投資決策。

所謂籌碼面的變化，需要注意的包括以下三大方向：

① 三大法人的買賣超情況

② 融資、融券餘額的變化

③ 董監持股的增減

解讀這些變數，可以看出個股走勢的端倪；持續追蹤這些變數，甚至還可以讓你預先知道哪一家公司的業績即將有大幅度的變化，進而影響股價走勢，讓你可以順勢操作、趨吉避凶。我們可以簡單地將這三大籌碼面因素，歸納出以下幾個重點：

籌碼面指標

指標❶	外資動向，引導大盤的多空方向
指標❷	融資融券餘額，為散戶是否積極進場的風向球
指標❸	董監事持股的變動，預告企業業績的變化

散戶退場，外資躍居臺股主流

Q 外資的進出狀況有這麼重要嗎？我們又應該如何關注呢？

A 這幾年來由於稅制的改革，讓散戶感覺持股成本變高；再加上國內的政經問題總是吵嚷不休，沒有新的亮點出現，導致很多散戶投資人對於國內投資環境失望，對於臺股投資也裹足不前。

在此同時，海外投資管道變多、變得更為便利的情況之下，國內有很多散戶投資人開始逐步把資金移往國外，找尋更有效率的投資機會，使得國內股市成交金額常常出現不足千億的窒息量。在國內資金退場、可是短線的國際熱錢，卻在國際之間長期出現低利率、甚至是負利率的環境下，臺股高達3%以上的殖利率顯得秀色可餐，於是吸引國際投資客用熱錢愛臺股，造就萬點成為常態的行情。因此，近期的臺股在這種內資退、外資進的氛圍之下，有逐漸形成外資主導的局面。所以臺股投資人對於盤勢的判斷，就不能小覷外資進出這個變數。

至於外資的進出情況？最基本的，可以先從證交所公布的交易資訊—三大法人買賣超的數字看起。

首先，讀者可以先到臺灣證券交易所的首頁，找到「交易資訊」，在這個項目底下，進一步找到「三大法人」，點

選進去之後，就會出現「三大法人買賣金額統計表」，如下圖①所示。

圖① 三大法人買賣金額統計表

108年07月12日 三大法人買賣金額統計表

單位：元

單位名稱	買進金額	賣出金額	買賣差額
自營商(自行買賣)	1,620,147,883	1,188,324,054	431,823,829
自營商(避險)	4,814,763,297	4,371,499,693	443,263,604
投信	1,776,141,750	1,239,681,509	536,460,241
外資及陸資(不含外資自營商)	28,619,920,852	29,193,610,879	-573,690,027
外資自營商	8,876,790	5,005,730	3,871,060
合計	36,830,973,782	35,993,116,135	837,857,647

資料來源：臺灣證券交易所

　　這份三大法人買賣金額統計表，揭露了國內三大法人（自營商、投信、外資及陸資）在某一天的買進和賣出狀況。自營商及投信就是我們所謂的內資；而我們比較有興趣的，是「外資及陸資」（不含外資自營商）的買進、賣出情形。在某一個交易日所顯現出的訊息當中，如果外資及陸資（不含外資自營商）的買進金額大於賣出金額，我們稱之為「買超」；相反地，如果買進金額小於賣出金額，我們稱之為「賣超」。以圖①來看，當天外資及陸資（不含外資自營商）是賣超5億7000萬左右。

外資及陸資（不含外資自營商）的買進與賣出	
買進金額＞賣出金額	買超
買進金額＜賣出金額	賣超

　　之所以會有買超的情形，表示外資及陸資看好未來，於是買進臺股的金額會大於賣出臺股的金額。一般來說，如果是在盤整期或是方向、趨勢不是很明確的時候，買超或賣超的金額通常都不會太大，多半只是在數億到數十億之譜。但是如果外資及陸資（不含外資自營商）的買超或賣超的金額超逾百億，那就表示外資及陸資（不含外資自營商）對於臺股的未來走勢有很明確的方向性。買超金額超逾百億時，表示外資及陸資（不含外資自營商）是相當看好臺股的後勢的；特別是連續數天都是買超的話，那麼臺股的後勢更是欲小不易！相反地，一旦外資看壞臺股、想從臺灣撤離資金，那麼翻臉也會如同翻書一樣快，他們也會接續地賣超好幾日，而且賣超金額也將是上百億！

 如果臺股連續好幾天都是賣超，有可能是發生一波撤資潮，投資朋友須留意臺股後勢！

　　所以，如果想知道外資對於臺股後勢的看法，我們不能夠只單看一日的買賣超金額，而是要觀察多日的趨勢。而如果想觀察之前三大法人買賣超狀況的話，可以在該表的上方，選取所要觀察的資料日期。

　　Ⓠ 既然知道外資買超或賣超臺股的總金額，那是不是也有管道可以知道外資現在正買賣哪些個股呢？

　　Ⓐ 既然外資最近有比較明顯的買、賣超狀況，接下來我們就得要查找外資最近買超或是賣超的標的公司有哪些。我們可以透過同樣一個資訊源去找到這些資料。在「三大法人」項目下，有一項資料，稱作「外資及陸資買賣超彙總表」（如下圖②），這份總表可以看到當日外資及陸資（不含外資自營商）主要的進出標的狀況。

　　以下圖②為例，當日外資及陸資買超的第一名是旺宏（股

票代號為 2337），買進股數是 36,451,000 股，賣出股數是 10,466,027 股，合計買超股數為 25,984,973（＝ 36,451,000 － 10,466,027）股。買超的第二名為南亞科（股票代號為 2408）。讀者朋友們若想跟著外資腳步、布局潛力股，就可以參酌這項資料，追蹤外資是否連續買進該檔股票，以作為後市進出的參考。

圖② 外資及陸資買賣超彙總表（買超局部）／ 2019 年 7 月 12 日

108年07月12日 外資及陸資買賣超彙總表

🖶 列印 / HTML　　📥 CSV 下載　　　　　　　　　　　　　　　　　　　　　　　　　　　　　　單位：股

每頁 10 ▼ 筆

證券代號	證券名稱	外資及陸資(不含外資自營商)			外資自營商			外資及陸資		
		買進股數	賣出股數	買賣超股數	買進股數	賣出股數	買賣超股數	買進股數	賣出股數	買賣超股數
2337	旺宏	36,451,000	10,466,027	25,984,973	0	0	0	36,451,000	10,466,027	25,984,973
2408	南亞科	34,394,913	11,150,000	23,244,913	0	0	0	34,394,913	11,150,000	23,244,913
00637L	元大滬深300正2	28,956,000	10,245,000	18,711,000	0	0	0	28,956,000	10,245,000	18,711,000
2367	燿華	10,808,000	835,000	9,973,000	0	0	0	10,808,000	835,000	9,973,000
2330	台積電	19,966,031	10,240,045	9,725,986	0	0	0	19,966,031	10,240,045	9,725,986
1102	亞泥	13,015,000	4,154,000	8,861,000	0	0	0	13,015,000	4,154,000	8,861,000
2313	華通	9,811,000	1,539,000	8,272,000	0	0	0	9,811,000	1,539,000	8,272,000
2884	玉山金	9,588,000	4,227,609	5,360,391	0	0	0	9,588,000	4,227,609	5,360,391
2449	京元電子	7,688,000	2,361,465	5,326,535	0	0	0	7,688,000	2,361,465	5,326,535
1101	台泥	10,854,000	6,040,000	4,814,000	0	0	0	10,854,000	6,040,000	4,814,000

108年07月12日 外資及陸資買賣超彙總表

證券代號	證券名稱	外資及陸資(不含外資自營商)		
		買進股數	賣出股數	買賣超股數
2337	旺宏	36,451,000	10,466,027	25,984,973
2408	南亞科	34,394,913	11,150,000	23,244,913
00637L	元大滬深3	28,956,000	10,245,000	18,711,000
2367	燿華	10,808,000	835,000	9,973,000
* 2330	台積電	19,966,031	10,240,045	9,725,986
1102	亞泥	13,015,000	4,154,000	8,861,000
2313	華通	9,811,000	1,539,000	8,272,000
2884	玉山金	9,588,000	4,227,609	5,360,391
2449	京元電子	7,688,000	2,361,465	5,326,535
1101	台泥	10,854,000	6,040,000	4,814,000

資料來源：臺灣證券交易所

　　同樣道理，如果想知道外資最近出脫的標的個股，可以將圖②的這張表右邊的捲軸往下拉，一直到出現如圖③的資訊。由圖③我們可以知道，在該日外資及陸資賣超股票最多的，是群創（股票代號為 3481），賣出股數達到 82,657,260 股，

占總成交量 131,130,000 股的 63.03% 之多，顯示出該檔股票在外資龐大的賣壓下，後勢應該欲振乏力；如果搭配其他的技術指標來看的話，後勢也不被看好。

圖③ 外資及陸資買賣超彙總表（賣超局部）／ 2019 年 7 月 12 日

證券代號	證券名稱	外資及陸資(不含外資自營商)			外資自營商			外資及陸資		
		買進股數	賣出股數	買賣超股數	買進股數	賣出股數	買賣超股數	買進股數	賣出股數	買賣超股數
3481	群創	17,518,000	82,657,260	-65,139,260	0	0	0	17,518,000	82,657,260	-65,139,260
2409	友達	6,015,000	25,629,000	-19,614,000	0	0	0	6,015,000	25,629,000	-19,614,000
2303	聯電	24,165,100	43,321,000	-19,155,900	0	0	0	24,165,100	43,321,000	-19,155,900
3037	欣興	725,000	13,154,000	-12,429,000	0	0	0	725,000	13,154,000	-12,429,000
2371	大同	18,921,000	29,089,000	-10,168,000	0	0	0	18,921,000	29,089,000	-10,168,000
2882	國泰金	808,000	9,249,241	-8,441,241	0	0	0	808,000	9,249,241	-8,441,241
3034	聯詠	2,228,000	9,734,339	-7,506,339	0	0	0	2,228,000	9,734,339	-7,506,339
2888	新光金	6,594,000	12,553,000	-5,959,000	0	0	0	6,594,000	12,553,000	-5,959,000
2883	開發金	1,404,500	7,231,000	-5,826,500	0	0	0	1,404,500	7,231,000	-5,826,500
00677U	富邦VIX	354,000	5,839,000	-5,485,000	0	0	0	354,000	5,839,000	-5,485,000
2890	永豐金	1,610,000	6,456,000	-4,846,000	0	0	0	1,610,000	6,456,000	-4,846,000
2887	台新金	3,670,000	7,859,000	-4,189,000	0	0	0	3,670,000	7,859,000	-4,189,000

108年07月12日 外資及陸資買賣超彙總表

	證券代號	證券名稱	外資及陸資(不含外資自營商)		
			買進股數	賣出股數	買賣超股數
	3481	群創	17,518,000	82,657,260	-65,139,260
	2409	友達	6,015,000	25,629,000	-19,614,000
	2303	聯電	24,165,100	43,321,000	-19,155,900
	3037	欣興	725,000	13,154,000	-12,429,000
*	2371	大同	18,921,000	29,089,000	-10,168,000
	2882	國泰金	808,000	9,249,241	-8,441,241
	3034	聯詠	2,228,000	9,734,339	-7,506,339
	2888	新光金	6,594,000	12,553,000	-5,959,000
	2883	開發金	1,404,500	7,231,000	-5,826,500
	00677U	富邦VIX	354,000	5,839,000	-5,485,000
	2890	永豐金	1,610,000	6,456,000	-4,846,000
	2887	台新金	3,670,000	7,859,000	-4,189,000
	1605	華新	1,137,000	4,771,000	-3,634,000

資料來源：臺灣證券交易所

　　例如圖⑤的季線（綠色線，MA60）長期呈現下彎走勢，週線（藍色線，MA5）與月線（橘色線，MA20）糾結在一起，但呈現死亡交叉。就均線來看，該股票就出現空頭走勢。此外，該檔個股已經連續多天都是出現黑 K 棒，後勢偏空的格局就很明顯了。再由圖⑥的 KD 走勢圖，在 50 附近交叉向下，

也表示短線走弱。圖⑦的MACD與DIF兩條線是在零軸以下，顯現目前是在空頭走勢；加上柱狀體也出現由零軸以上的紅色長條棒（顯現短期可能是跌深反彈），逐漸收斂至零軸，也是一種短線走空的態勢。圖⑧的RSI是在50附近交叉向下，也是有偏空的暗示。

圖④ 群創股價走勢圖

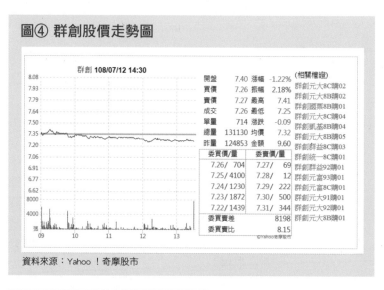

資料來源：Yahoo！奇摩股市

圖⑤ 群創股價走勢圖：K線走勢圖

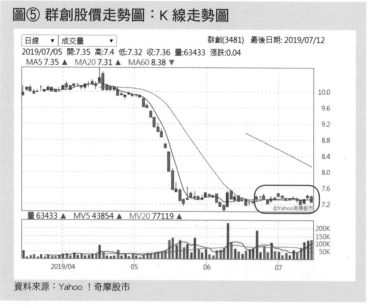

資料來源：Yahoo！奇摩股市

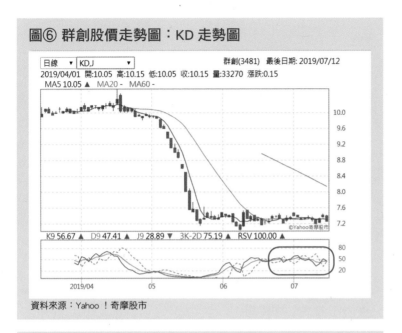

圖⑥ 群創股價走勢圖：KD 走勢圖

資料來源：Yahoo！奇摩股市

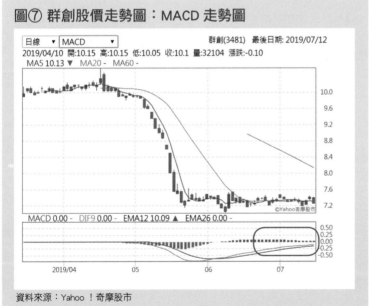

圖⑦ 群創股價走勢圖：MACD 走勢圖

資料來源：Yahoo！奇摩股市

　　由此可知，外資的進出狀況，的確是影響盤勢的重大變數之一。

　　另外，如果讀者朋友想要知道過去幾天外資買賣超的標的個股有哪些，還可以在圖②上方的資料日期欄位當中，選

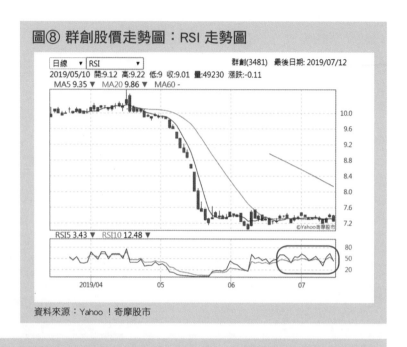

圖⑧ 群創股價走勢圖：RSI 走勢圖

資料來源：Yahoo！奇摩股市

圖⑨ 外資及陸資買賣超彙總表（賣超局部）／ 2019 年 7 月 12 日

證券代號	證券名稱	外資及陸資(不含外資自營商)			外資自營商			外資及陸資		
		買進股數	賣出股數	買賣超股數	買進股數	賣出股數	買賣超股數	買進股數	賣出股數	買賣超股數
3481	群創	17,518,000	82,657,260	-65,139,260	0	0	0	17,518,000	82,657,260	-65,139,260
2409	友達	6,015,000	25,629,000	-19,614,000	0	0	0	6,015,000	25,629,000	-19,614,000
2303	聯電	24,165,100	43,321,000	-19,155,900	0	0	0	24,165,100	43,321,000	-19,155,900
3037	欣興	725,000	13,154,000	-12,429,000	0	0	0	725,000	13,154,000	-12,429,000
2371	大同	18,921,000	29,089,000	-10,168,000	0	0	0	18,921,000	29,089,000	-10,168,000
2882	國泰金	808,000	9,249,241	-8,441,241	0	0	0	808,000	9,249,241	-8,441,241
3034	聯詠	2,228,000	9,734,339	-7,506,339	0	0	0	2,228,000	9,734,339	-7,506,339
2888	新光金	6,594,000	12,553,000	-5,959,000	0	0	0	6,594,000	12,553,000	-5,959,000
2883	開發金	1,404,500	7,231,000	-5,826,500	0	0	0	1,404,500	7,231,000	-5,826,500
00677U	富邦VIX	354,000	5,839,000	-5,485,000	0	0	0	354,000	5,839,000	-5,485,000
2890	永豐金	1,610,000	6,456,000	-4,846,000	0	0	0	1,610,000	6,456,000	-4,846,000

資料來源：Yahoo！奇摩股市

取你打算關注的日期，屆時，你就可以知道當日外資及陸資買、賣超的標的為何。例如友達早在前一天（2019 年 7 月 11日）就高居外資賣超排行榜的第九名；隔了一個交易日（如圖⑨），它往前「進步」到第二名，表示外資是「變本加厲」地持續在售股。在賣壓尚未完全消化之前，跌勢是確定的。

融資餘額和融券餘額，觀察散戶動態的指標

Q 從外資的進出動態，可以知道外資目前對於臺股的態度。那麼散戶什麼時候會跟進跟出，也有指標可以參考嗎？

A 前面提到的，是觀察三大法人（特別是外資法人）的買賣超狀況，因為其進出數額實在太大，動見觀瞻，我們散戶投資人在選擇進出場時機時，是非得參考的一項數據。而因為會有很多散戶「拿香跟拜」，因此，若想要完整觀察籌碼的流向，跟散戶有關係的「融資餘額」和「融券餘額」也是必要參考的數據。證交所每天公布的融資餘額，就是目前已經有多少人（主要是散戶）借錢買股票的數據，於是，該數據就成了觀察散戶動向最客觀的指標。

至於應該如何解讀這項數據呢？也就是說，多高的數字需要留心？這跟大盤目前所處的位階、面臨的經濟環境，以及個股的基本面等因素有關，並沒有辦法說出一個絕對的數字可供奉為圭臬。因為融資餘額是一個相對性的數字，需要跟大盤以及個股的成交量相比較，才能判斷出目前散戶進場交易的熱絡程度，所以沒有辦法具體指出融資餘額已經突破到哪一個水位，就算是所謂的「危險大量」。

例如，就現在大盤這個水位來看（2019 年 7 月 19 日的收盤在 10,873 點），大約是 1200 億到 1500 億，是相對適中的。而要想知道融資餘額是否已經「暴增」了？而這個暴增百分比的多寡如何？也是相對於大盤的漲幅。比方說，大盤如果漲了 10%，而融資餘額增加幅度卻高於 10%，代表跳進來的散戶增量比較多；因為這些增加的散戶成交量並沒有把大盤指數同步拉抬上去，顯示有主力或大戶在趁機出貨，把籌碼倒給散戶。而如果大盤上漲 15%，但融資餘額卻只有增加 10%，代表散戶還沒有跟上，中間差距的 5% 增幅，就很顯然是法人買上去的。既然散戶還沒有跟上，那麼這檔個股未來應該還有上漲的空間。

108 年 7 月 19 日信用交易統計

項目	買進	賣出	現金（券）償還	前日餘額	今日餘額
融資（交易單位）	260,035	244,076	9,862	7,412,570	7,418,667
融券（交易單位）	22,226	35,314	1,372	711,260	722,976
融資金額（仟元）	5,305,496	5,213,427	160,772	127,188,242	127,119,539

資料來源：臺灣證券交易所

 大盤指數漲幅＜融資餘額漲幅 → 散戶追價、大戶出貨 → 危險

大盤指數漲幅＞融資餘額漲幅 → 法人追價

→ 安定

接下來，我們進一步的來解釋，什麼是融資跟融券。

所謂的融資、融券（Margin Trading and Short Selling）又稱作「信用交易」。其中的融資是指投資人想要買股票，卻沒有足夠的資金，於是向券商或者證券金融公司借錢買股票；而買進的股票，投資人需要將其質押在證券商或者證券金融公司處。等到投資人把這些股票給賣了，還清了當初的借款本息；或者還沒有賣股票之前，就先把之前跟券商或證金公司借來的錢連本帶利給還了，才算完成一個完整的融資交易。而融資買股的這個行為，就是俗稱的「買空」。

相反地，如果你覺得目前某檔股票的股價過高，或者你看壞該股票未來的前景，想要先賣出股票，可是你並沒擁有該檔股票，於是你想先借股票來賣，這就叫做融券。換句話說，融券就是投資人向券商或者證券金融公司借股票先到股市賣出，等到股價往下掉時，再買回來還給券商或證金公司——也就是投資人必須返還相同種類和數量的股票，並且支付相關的手續費及利息；而這個借股票先行賣出的行為，就是俗稱的「賣空」。

	買空	· 融資與融券的期限均為半年。
融資	須準備四成自備款，六成券商借款，所以手上錢不多時適用	· 目前主管機關規定得視客戶信用狀況，准予客戶申請展延期限六個月，並以二次為限。
融券	賣空	· 期限以對月對日之交割日為準
	須準備九成保證金	

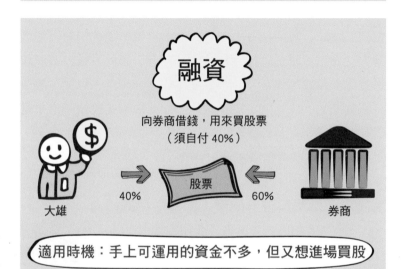

融資

向券商借錢，用來買股票
（須自付 40%）

40%　　股票　　60%

大雄　　　　　　　　　券商

適用時機：手上可運用的資金不多，但又想進場買股

融券

券商借股給大雄去賣出
（大雄須繳付 90% 保證金）

大雄　　　股票　　　券商

適用時機：手上沒有持股，而且看壞後市

投資人使用信用交易的方式操作股票時，只需要有足夠的自備款即可買進股票，並不需要全額支付買進股票的價金（現行的作業要求，是必須有自備款四成）；因此，許多善於以小博大的積極型投資人，喜歡用這種具有槓桿倍數（以自備款四成而言，槓桿倍數是 2.5 倍）的方式去操作股票，以獲取更高的報酬率。於是，當股票市場是偏多走勢時，將吸引更多散戶參與，融資餘額應該會逐漸攀升；反之，當市場氛圍偏空時，散戶投資人若還想參與市場，就會傾向以融券的方式操作，於是融券餘額會因而攀升。因此，觀察並解讀融資融券餘額的變化，可以用來評估當前股票市場中，散戶參與其間的多空力道；職是之故，想要預測某檔個股未來是否會有波段行情（不論是短多或短空），融資、融券的變化，就是很重要的參考指標之一。

解讀融資餘額和融券餘額，瞭解散戶的傾向

Ｑ 又要如何解讀融資、融券餘額的變化呢？

Ａ 由於目前主要是散戶在使用融資、融券，所以解讀「融資餘額」和「融券餘額」的變化，就可以瞭解散戶的傾向。

既然融資餘額主要代表散戶投資人藉由融資買進股票、借錢

融資餘額

代表投資人已經借錢買股票的量能指標

融券餘額

代表投資人已經借券賣股票的量能指標

表① 玉晶光的資券變化

3406 玉晶光 走勢圖 成交明細 技術分析 新聞 基本資料 籌碼分析 個股健診 新版理財

主力進出　資券變化

3406 玉晶光 資券變化					單位:張數
日期	融資買進	融資賣出	融資現償	融資餘額	融資限額	資券相抵
	3474	2969	119	16116	24942	3612
106/03/23	融券買進	融券賣出	融券現償	融券餘額	融券限額	券資比%
	450	723	14	7185	24942	44.58%

資料來源：Yahoo！奇摩股市

的總金額，而融券餘額主要代表散戶投資人借股票放空、融券賣股票的張數以及賣出股票的總金額，當「融資使用率」和「融券使用率」數值偏高的時候，就有某些隱含意義。前者代表目前散戶有看多的傾向，後者則是指散戶看空傾向的人多。因此，從融資餘額和融券餘額數量的變動，可以窺探出散戶的動態。

我們先進一步的說明什麼是「融資限額」。所謂融資限額，指的是某檔股票能用融資買進的限制額度，而不是該公司總發行的股份數。例如上表①是 2017 年的飆股之一「玉晶光」（股票代號 3406）在 2017 年 3 月 23 日的資券變化，我們從表①中可看出融資限額總共是 2 萬 4942 張，目前的融資餘額是 1 萬 6116 張。根據現行的法令規定，融資限額張數跟公司資本額大小有關，其限額張數是某上市公司發行總股數的 25%，而融券的來源是融資餘額，所以，融資限額上限是總發行股數的 25%，融券上限也是總發行股數的 25%。因此，融券限額跟融資限額都是 2 萬 4942 張。

觀念速解

融資限額

指融資餘額不可以超過該公司股票發行總數量的 25%

表② 玉晶光的公司基本資料

3406玉晶光 走勢圖 成交明細 技術分析 新聞 **基本資料** 籌碼分析 個股健診 新版理財

公司資料 營收盈餘 股利政策 申報轉讓

公司資料			
基本資料		股東會及104年配股	
產業類別	光電	現金股利	-
成立時間	79/02/08	股票股利	-
上市(櫃)時間	94/12/20	盈餘配股	-
董事長	陳天慶	公積配股	-
總經理	陳天慶	股東會日期	105/06/27
發言人	陳天慶		
股本(詳細說明)	9.98億		
股務代理	永豐金證02-23816288		
公司電話	04-25667115		
營收比重	鏡頭製品96.49%、其他3.51% (2015年)		
網 址	http://www.gseo.com/		

資料來源：Yahoo！奇摩股市

再以本例的玉晶光來說，玉晶光在當時（2017年）的資本額約為新臺幣9億9800萬（參看表②），共發行約9萬9800張有價證券，每張有價證券為1000股，發行面額為每股10元。因此，根據這些資料計算得，玉晶光這家公司融資限額為2萬4950張、融券限額為2萬4950張（因為資本額為大約數，取至小數點下二位，所以會有些微誤差）。

　　瞭解融資限額、融券限額的基本概念之後，接下來，我們就可以觀察融資使用率的數值高低，用來判斷該檔股票散戶的參與程度有多高。

　　融資使用率的公式是「融資餘額除以融資限額」。這個數值的判斷方式，是當融資使用率逐漸升高，代表該檔股票的籌碼已經逐漸流入散戶的手裡。如果該數額大於60％，代表散戶已經瘋狂敲進該支股票，也隱含該檔個股的籌碼在落入散戶之後，日趨凌亂。近期在臺北股市每日的成交量當中，一般散戶大約占市場的五成到七成之間，因此，如果某檔股票的股價要能不斷地上漲，就必須吸引眾多散戶跳進來追價，才能夠讓股價頻創新高。

$$融資使用率 = \frac{融資餘額}{融資限額}$$

　　所以，當融資使用率不斷提高時，代表已經有愈來愈多的散戶投資人都持有該檔股票，這也表示有愈來愈多的散戶等著賣股票——因為會融資買股票的投資人多半是屬於積極型的投資人，除了有融資利息的壓力之外，通常也會想要儘快獲利了結。此時，每當股價往上漲，就會有散戶想要獲利了結、就會逐漸形成賣壓。一旦有人開始大量出脫持股，股價就會有下跌的壓力；融資買進的散戶也會因此而更想趕快

脫手、避免在負擔融資利息的同時，還得承擔資本利損。於是在賣壓出籠的時刻，就會引發股價狂跌。

既然預期會照這劇本上演，當我們看到融資使用率愈來愈高時，投資朋友就應該要避免持有該檔股票，以免成為最後一隻老鼠。就像本例中的玉晶光，2017 年 3 月 23 日的融資使用率已經高達 64.6%（＝ 16116/24942），表示籌碼已經逐步落入散戶手中。再加上這個時候股價已經又來到前波的高點，除非有更多的利多消息支撐，要不然短線再進場買進該檔個股，只怕是風險愈來愈高了。

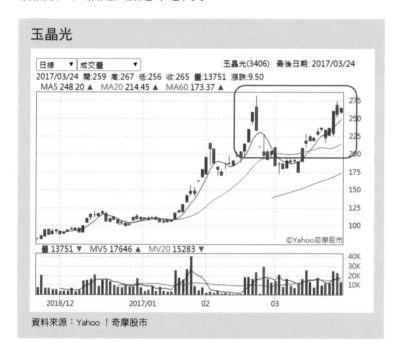

玉晶光

資料來源：Yahoo！奇摩股市

相反地，當融券使用率不斷增加時，表示有許多投資人認為股價即將要下跌，所以先借股票來賣。因此，如果融券餘額過高，代表有很多人已經放空該股，爾後若是股價不跌反漲，將會有更多投資人需要將股票買回來還給券商，以免愈虧愈多。這時候就會出現股票愈漲愈高，也就是啟動所謂的軋空行情，這種軋空上漲的力道，反倒更有助於該個股續

漲。當這種情形出現時，投資朋友就可以考慮買進該檔股票，參與波段上漲的增值空間。

Q 有一個指標叫做「券資比」，要如何解讀這個指標？

A 所謂的券資比，是指融券餘額與融資餘額之比率。券資比的高低，可用來研判該檔股票是否融資比重過高，未來有無軋空行情等。一般來說，券資比若高於 40%，產生軋空的機會就比較大。以本例玉晶光來說，2017 年 3 月 23 日的券資比為 44.58%(= 7,185/16,116)，於是，短線放空的投資人會有想要回補的壓力，因此，玉晶光的走勢相較於大盤就較為強勢，是因為部分投資人放空被軋到，而啟動回補的買盤所致。而後續玉晶光果然因為公布相對樂觀的基本面消息（2017年四月初公布的 3 月合併營收 5 億 1896 萬元，較 2 月增加 47.32%，也較去年同月增加 19.03%；累計 2017 年 1 到 3 月合併營收為 14 億 8844 萬元，較去年同期增加 32.4%），而啟動軋空行情，讓股價一路上漲！

$$券資比 = \frac{融券餘額}{融資餘額}$$

重點 ▶ 券資比可以用來研判該檔個股目前的融券比重是否過高，未來有無軋空行情。一般來說，券資比如果高於 40%，產生軋空的機會就比較大。

☆ 解盤實例

　　以下圖為例，玉晶光股價從 2017 年 2 月的 200 元附近開始上漲，搭配基本面所啟動的軋空行情，讓股價一直漲到 2017 年 9 月底的 596 元，漲幅將近兩倍！

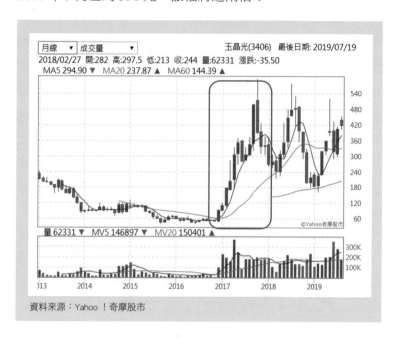

資料來源：Yahoo！奇摩股市

不尋常的資訊：大股東持股銳減

Ⓠ 散戶的進出場具有指標意義。那麼大股東持股的變化，是不是也透露出什麼端倪？

Ⓐ 由於大股東的持股很多，所以其財富的增減變化就和股價走勢息息相關，對於股價走勢的「敏感度」，自然是最高的。特別是看到大股東一直在申報轉讓持股時，投資朋友得要留心，更要合理懷疑這家公司是否有很大的業績變化，導致大股東的持股銳減！

　　至於要如何查到大股東持股比例的變化？除了在各家公司的官方網站之外，投資朋友還可以從公開資訊觀測站找到所有公司的重要資訊。每個月的月中，各家公司都會申報並

公布前一個月大股東持股的增減變化；此外，公司公布的年報裡，都會列有董事、監察人以及主要股東的持股資料，包括股東持股、股權異動、金額明細等，均詳細列出。

　　要提醒讀者們注意的是，如果公司的大股東多半都是來自同一家族，但是在某個時期，這些大股東的持股比例卻明顯地持續下降——尤其是最大股東和次大股東在同一段期間之內，接連出脫持股——出現這種情形時，一定要特別密切觀察該公司後續財務狀況的變化。雖然大股東出脫持股有很多可能性（例如每年 5 月要申報繳納個人綜合所得稅，因此需要大量的現金繳稅，所以「被迫」要賣股變現；或者是大股東個人的理財轉投資行為，比方說數年前郭台銘想以個人名義投資日本的夏普公司等）。其中最該注意的是，大股東認為公司前景欠佳，所以趁著股價大好時賣股換現金，這時候大股東持續的出脫持股就是一種警訊；當初博達公司和東隆五金公司在下市之前，都曾經出現這種大股東偷跑賣股票的情形！因此，當有看到大股東持續申報轉讓持股時，一定要密切追蹤該公司的業績變化，避免成為大股東出貨的對象！

資料來源：公開資訊觀測站

資料來源：公開資訊觀測站

價量關係透玄機：
不可不知的關鍵

在前面各個單元中，我們介紹了幾個常用技術指標的使用時機和用法。在關注這些標的個股、準備下手買股票之前，若只是檢視這些股票的型態變化，卻忽略了交易量能的波動情況，是很容易誤判情勢、成為買高賣低虧錢一族的。

單元重點

- 同時觀察股價和交易量，嗅出行情端倪
- 交易量多寡的判定是某段時期的相對數值，並非絕對數值
- 量先價行，有量才有價
- 量價背離，高價股風險大

觀念速解

量先價行

成交量放大，股市容易上漲；成交量縮小，股市傾向下跌。這就是所謂的量先價行。以目前的情況來說，成交量如果落在 1100 億～ 1250 億之間，屬於正常範圍。假如連續好幾天都是低於 900 億以下，表示有很多的投資人對市場的未來走勢感到灰心，多半都縮手退出了。

價量變化藏玄機，看盤不再自以為是

Q 常常聽到 量先價行，所以成交量也是我們該重視的觀察指標嗎？

A 前面的各項指標都是著眼於「價格」的變化，特別是都跟當天或一段期間的最高價或最低價有關。然而，如果有心人想要操弄這些指標、改變這些型態的話，也許可以在尾盤的時候，砸大錢或砸大單把最高價及最低價「作」出來，那麼對於只是將這些技術指標奉行不悖的投資人而言，可能會因此而落入自以為是的陷阱，甚至於最終連如何套牢虧錢都毫無所悉的悲慘境地。何以至此呢？主要在於投資朋友進出場時，忽略了「量能」的變化。因此，學習解讀量能的變化並且搭配價格走勢，才能夠找到更為適當的進出場時間點。

量先價行，有量才有價

Q 所以我們挑選進出場點，還必須搭配量能變化嗎？

A 股票市場有這麼一句話，「會買股票的只是學徒；會賣

股票的才算是師傅」；這是說，如果只懂得進場買股票，卻不懂得挑好時機獲利了結出場，只能算是學徒而已，還達不到師傅的境地。因此，我們投資股票，除了搞清楚現在是不是進場的時機之外，還得要知道何時是該出場的時間點。投資時，除了需要在乎股票價格是否合理之外，我們還要透過該檔個股在一段時間「成交量」的變化來輔助觀察，才能掌握更好的進出場時間點。

讀者朋友們應該都聽過這兩句話：「有（成交）量才有（成交）價」以及「量先價行」，大多數的時候確是如此。只有在少數異常的情況，可能會有價量背離的情況產生——包括量增價跌（成交的數量增加，價格卻反而下跌）、量縮價漲（成交的數量減少，但成交的價格卻是上漲）。所以「適宜」的成交量，的確是我們在進出場時需要考量到的。可問題是，到底怎樣的交易量才算所謂的適宜的成交量？常聽到的「爆量收黑」、「爆量收紅」，總需要加以警戒吧？那我們又如何才能判定是否爆量呢？

這樣的疑問總存在於多數人的心裡。首先，所謂適宜、安全的成交量，應該是要相對於大盤的指數位置，以及參考前一段時間的平均交易量來判斷的。以 2019 年第二季的情況為例，大家都在期待 1 萬 1000 點的行情可望再現，但是臺股要能夠繼續衝關，除了國內本身的政經因素之外，也會受到國際政治、經濟以及金融環境的影響。因此，在中美貿易戰、華為被針對、美國是否要降息等利空、利多消息紛呈的情況之下，投資人的情緒也跟著起起伏伏，臺幣也因為外資買超、賣超／匯進、匯出的關係，升貶幅度也超過 5%！

在眾多不確定性因素的干擾之下，大盤的總成交量（參考下圖）也總是沒有辦法突破 1500 億！因此，在這樣的條件下，如果成交量超過 1500 億（大約是超過週／月均量的兩成）就算是過熱了；若是超過 1750 億，代表市場很是瘋狂，投資人就該準備收手了——手中持有股票的，該選擇在此時出場，

貼心小提醒：

判斷「適宜」成交量的要點：

① 必須同時觀察股價和交易量的變化。

② 交易量多寡的判定是某段時期的相對數值，而非絕對數值。

③ 成交量驟降，是空頭來臨的警訊。

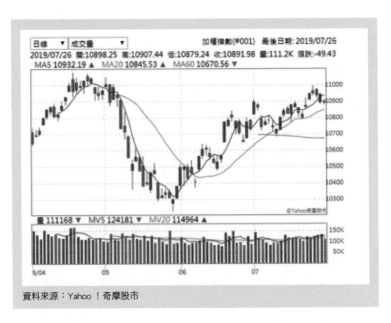

資料來源：Yahoo！奇摩股市

2000 年以來，臺股歷年平均日成交量

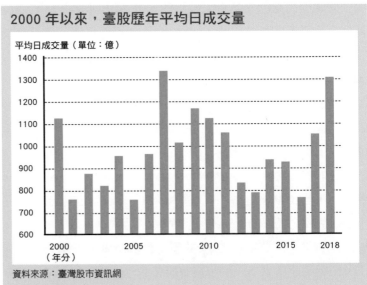

資料來源：臺灣股市資訊網

以免紙上富貴一場；沒有股票的投資人，也千萬不要選擇在此時追高進場，不然有可能接棒成為最後一隻老鼠！而若成交量落在 1100 億到 1250 億之間（大概是週均量到月均量之間），可算是正常範圍。但若連續幾天低於 900 億以下，表示很多人對於這個市場的未來走勢心灰意冷，多半都退出這個市場了。

Ⓠ 成交量除了跟大環境有關之外，和指數所在的位置是不是也有關聯呢？

Ⓐ 關於成交量，讀者朋友必須明白兩件事：

　① 成交量重視的不是絕對值，而是相對值。

　② 成交量的高低，除了數值大小外，也要看指數所在的位置，同時參考過往一段時期的交易量，才能作為判定的標準。

　例如 2007 年底到 2008 年金融海嘯之前，臺股每天平均成交量大約都在 3000 億左右，日平均也有千億起跳，那個時候的指數位置便在 9000 點以上。但是 2012 年復徵證所稅之後，量能急遽萎縮，多半在千億以下；之後雖然又停徵證所稅，但是在諸多因素干擾之下，一直到今時今日，量能就再也回不去當年的榮景了。也就是說，我們沒辦法說出一個固定的數字（例如成交量在 1000 億以下，就算是安全的）這樣的說法。不過，若是在多頭轉空頭或者是空頭轉多頭，都會有出現一個轉折點，這時候成交量便會是項很好的參考數值。一般認為，如果成交量陡升或陡降超逾兩成，都有可能是市場投資人的結構起了重大的變化——不是吸引散戶投資人瘋狂搶進，再不就是眾多投資人對於市場大失所望，逐漸退出市場、不再交易。

　比方說，本來的日均量是 1000 億，突然降到 800 億以下，這種成交量降太多的情況，便可以視為是一個警訊。退場的資金中，有可能是外資把錢抽出去了，也有可能是內資投資

歷年成交量統計表（資料時間：1987 年～ 2018 年）

年度	成交量（億）		年度	成交量（億）	
	最低	最高		最低	最高
2018	387.12	2,424.96	2002	353.79	2,018.14
2017	461.04	1,587.50	2001	130.36	2,265.52
2016	302.07	1,238.22	2000	131.11	3,225.14
2015	402.56	1,686.37	1999	105.48	2,298.81
2014	393.35	1,537.92	1998	431.01	2,776.92
2013	392.94	1,225.40	1997	356.96	2,968.88
2012	408.32	1,719.12	1996	76.78	1,396.22
2011	526.78	2,027.10	1995	122.59	806.04
2010	658.2	2,032.98	1994	196.37	1,864.38
2009	337.27	2,453.17	1993	64.18	1,424.44
2008	238.37	2,718.48	1992	34.31	630.09
2007	649.25	3,220.03	1991	83.17	1,059.08
2006	501.7	1,897.88	1990	111.6	2,162.03
2005	409.7	2,223.14	1989	33.14	1,941.71
2004	275.78	2,555.10	1988	1.33	804.18
2003	236.68	1,960.96	1987	3.9	345.9

資料來源：Goodinfo！臺灣股市資訊網

人不願追買股票，把錢投資到別的地方或者是存了起來。同樣的道理，如果看到某段時間的交易量開始放大，就要觀察這些資金是否是來自國際間的熱錢？這些新進來的資金，又是追逐哪些少數的個股？因為有人追、有人捧，股價才會上揚——這就是所謂量先價行，有量才有價的道理。

價量背離，高價股小心風險大

Ｑ 那麼，成交量和股價一定會成同方向的變化嗎？

Ａ 先前提到的量先價行，就是指進場買進的人愈來愈多，於是股價就一直漲。可是，也有可能個股或是大盤的成交量增加，卻看到股價呈現下跌的局面；或者是雖然成交量逐漸

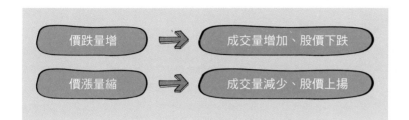

減少，股價卻是驚驚漲，這就是所謂的價量背離。當成交量增加、股價卻是下跌，一般稱為「價跌量增」；若是成交量減少，股價卻上揚，則是「價漲量縮」。

其實，這兩種都是價量背離的情況，經常出現在下跌行情或是上升行情的初期或尾聲。至於現在是屬於下跌行情還是上升行情，判斷的方式不太一樣。說明如下：

價量背離訊號❶ 價跌量增

先來解釋價跌量增的情況。當某一支股票的價格，從低檔起算漲幅已經很大（例如有一成以上），或者是已經漲了一段時間（例如至少兩週），這時候，因為買進的人多半處於獲利狀態，就會引發獲利了結賣壓。特別是初期就買進該支股票的投資人，在股價連續上漲了一陣子，漲到相對高檔區時，就會想準備下車，開始賣掉持股，獲利了結、賺取價差。如果在賣股的人比買股的人來得多時，賣壓顯然較大，股價上漲的態勢，就會轉變成開始下跌；而股價在剛開始下跌的時候，有些投資人還懷著美夢，以為股價只是短暫的回檔休息，之後還會繼續上攻，於是趁著股價回檔下跌、以為較便宜時，依舊堅持買進，就會產生價跌量增的情況。

而若是股價處於高價位區時，價跌量增反而會被視為是「賣出」的時機。另外，價跌量增的情況，也會隨著股價跌破某個支撐價位（例如：月、季線）而終止。這時候，因為股價下跌的態勢日趨明顯，投資人在認清時勢之後，不願再追逐籌碼，量價關係也就恢復了常態。相反地，如果股價是在低檔區，價跌量增反而會被視為是買進股票的信號！

貼心小提醒：

股價每分每秒都在變動，每檔個股漲跌的區間範圍都不一樣。當股票跌到某個底部區時，就暫時不會再往下跌，這個底部區就像是有一股撐住股價不再繼續往下掉的力量，就被稱為「支撐帶」；相反地，當股票漲到某個高檔區域，就很難再繼續往上漲，就像是遇到阻力一樣，這時候，這個高檔區就會被稱為是「壓力帶」。不過，支撐帶和壓力帶並不是固定的數字，它可能是月線、季線、半年線或是年線所形成的虛擬價位。

情況❶ 價跌量增－在末升段

從過去一段區間的行情來看，在股價偏高時，先賣掉持股比較保險。

⭐判斷技巧

在上漲到末升段時，主力或法人開始準備倒貨給散戶，因此成交量增加，但是因為已經漲到相對高檔區，賣壓變重，所以雖然成交量擴大，但是股價卻下跌，是為高檔賣出訊號。

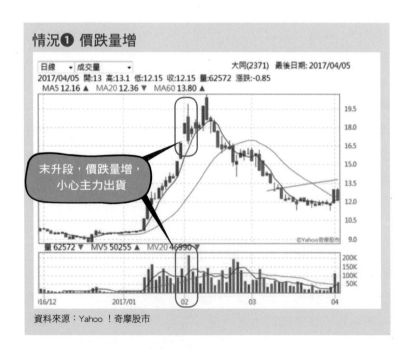

資料來源：Yahoo！奇摩股市

情況❷ 價跌量增－在初升段或末跌段

從過去一段區間的行情來看，在股價偏低時，可逢低承接。

⭐判斷技巧

在上漲初升段或者下跌末跌段時，少部分的主力或法人開始低檔進貨，但因為下跌的慣性，讓很多人還是站在賣方，在賣壓很重的情況之下，雖然成交量放大，但是股價卻還是持續地在下跌。這是一種底部買進訊號。

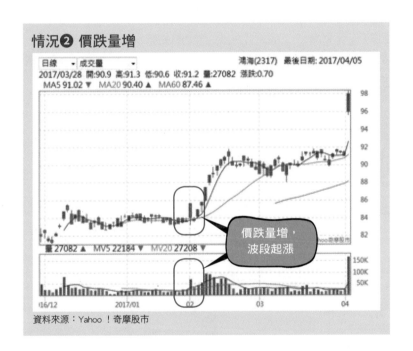

情況❷ 價跌量增

價跌量增，波段起漲

資料來源：Yahoo！奇摩股市

價量背離訊號❷ 價漲量縮

接著來看價漲量縮的情況。如果說價跌量增可能是上漲或是下跌行情的開始，那麼價漲量縮就表示一個行情即將接近尾聲（因為追價的人變少了，所以開始量縮了）。

假設一檔股票其價格在某一段時間之內，累計之漲幅已經很大，或者是已經上漲了一段時間（也就是正乖離過大）之際，竟然出現價漲量縮的局面，這就代表該檔股票在高檔區只有少數人在玩，很多人已經不願意繼續追價了，因此再

也漲不上去；這時候反倒要注意，主力會不會趁此時機出貨。當然，這時候也不會是進場的好時機。

　　如果出現大盤的日成交量逐漸萎縮，卻只有少數幾支個股的股價上漲，呈現價量背離的狀況，表示在這個時候只有少數投資人勇於進場，或者只是有心人在操作，但其實很多「主角」已經落跑了。可是搞不清楚狀況的散戶，只看到少數幾支個股的股價已經突破高檔區，量也不小，就誤以為還有獲利空間，於是勇敢進場。萬一投資人買的是高價股，那風險可就更高了！通常出現量價背離的情況時，一定要謹慎，最好不要再冒險買股，因為這時候跳進場，多半是在幫忙抬轎，風險是遠高於報酬的！

重點 在交投清淡的情況下（量縮），如果個股的股價仍然繼續飆高，表示很可能有人繼續炒作，此時追高宜慎，避免成為最後一隻老鼠！

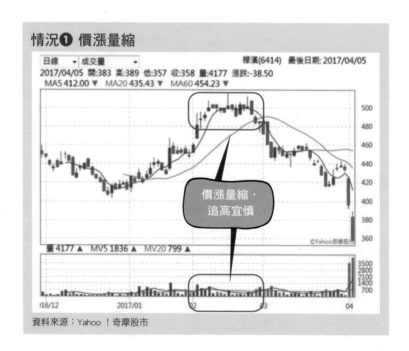

情況❶ 價漲量縮

價漲量縮，追高宜慎

資料來源：Yahoo！奇摩股市

下殺有量，賣壓湧現的訊號

Q 股價的漲跌如果和成交量相背離，是不是代表行情即將反轉？

A 通常利空消息傳來時，在正常情況下，一定會讓大部分的投資人驚慌失措，因而拋售股票，形成賣壓湧現的情況；可是，如果觀察成交量，卻有「無量下殺」和「有量下殺」兩種情況，這對於後勢漲跌的判斷至關重要。由於股價的漲跌都和成交量脫不了關係，通常量價同步的時候，表示走勢將會持續；而當量價背離時，卻表示走勢即將要反轉了。

當個股呈現「上漲有量」，就符合先前提到的量先價行的觀念；

但是如果呈現出「上漲無量」的情形，可能是因為股價在高檔震盪、追高者愈來愈少；或是行情呈現下滑的走勢、甚至有主力在出貨的跡象，於是造成投資人觀望，不敢貿然進場。在很少人願意進場買股票的情況下，成交量自然就很小。

而在利空消息出現的時候，散戶投資人一定會受到驚嚇，而出現大量賣股的情況，這時候，有沒有量能，就是後勢進出的重要參考指標。

⭐ 如果是「無量下殺」：表示有很多投資人瘋狂想要出脫股票，造成股價狂跌（可能開盤就跌停鎖死），但是因為消息面實在太過悲觀，根本沒有人要買股，所以不僅會跌停，還會跌個不停！

⭐ 如果是「有量下殺」：情況又不一樣。這表示雖然有一部分的投資人看壞市場，拚命想要賣出股票，但是卻也有人願意買，願意逢低承接，甚至於成交量還放大！那麼這時候，就可以好好思考是誰願意在利空消息頻傳的此際，勇於承接這些天上掉下來的刀子？如果不是已經跌到接近底部區了，讓大戶願意開始逢低撿便宜了，那麼還會有誰有這種膽識，敢在這種時刻接下燙手山芋？因此，當股價被殺到底部區的時候，很可能就是另一波反彈的開始。

所以，投資朋友在找尋進出場點時，要同時注意股票價格和成交量能的變化，才不至於受到誤導！

價量同步訊號❶　價漲量增

價漲量增的價量同步情況，會出現在漲升行情中，而且絕大部分會出現在個股或是大盤的上漲初升段，少數會出現在上漲的中升段中。一旦看到這種情形，表示投資人普遍看好，願意進場投資，在成交量漸增、買盤持續增溫的情況下，也將進一步地推升股價，多頭的訊號於焉浮現。但還是要注意的是，股價要能夠繼續上漲，交易量依然需要持續增加，漲勢才能持續。

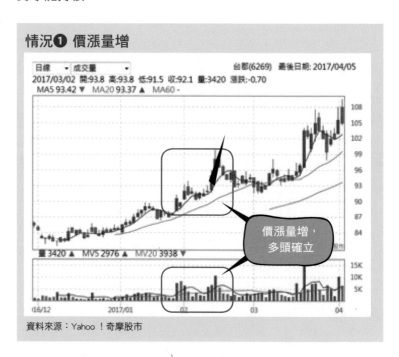

情況❶　價漲量增

資料來源：Yahoo！奇摩股市

價量同步訊號❷　價跌量縮

價跌量縮是指個股的股價下跌，成交量也同步減少。由於有量就有價，無量就無價的道理，當出現價跌量縮的情況時，我們可以分三種情境來分析：

★ 當價跌量縮的情形出現在股票的初升段時，如果股價只

是小幅下跌，表示股價開始進入橫盤整理，持股者惜售，未來應該還有上漲空間，投資人可擇機逢低買進或持股續抱。

⭐ 若是發生在下跌行情的初跌段時，代表買盤接手意願不高，投資人依舊看壞後市，空頭市場訊號浮現，表示股價仍將會持續下跌。可是因為成交量持續萎縮，表示買盤縮手，這時候如果手上有持股者，應儘快賣出，以免愈套愈深。

⭐ 若是發生在下跌行情的末跌段時，由於空頭力量衰竭，反倒可以注意買進的時機。

交易清淡的情況下（量縮），個股股價同步走低，代表這支股票乏人問津

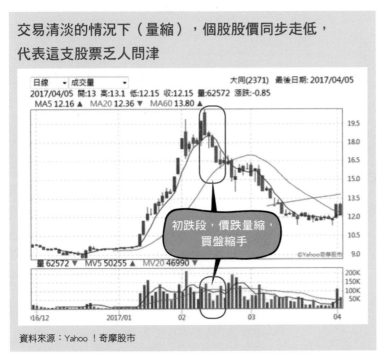

資料來源：Yahoo！奇摩股市

交易量大小，可以用來預測後勢的情況（以 2019 年平均成交量而言）

散戶退場　　正常交易量　　過熱，要注意　　頭部，可能反轉

空頭　　　　　　　　　　　　　　　　　　　　　多頭

650 億　　950 億　　1,200 億　　1,500 億

重點 交易量非絕對值,而是相對值!要注意那段時間前後的數據來調整。

最後,我們將價量變化的九種情況整理如下表,供讀者朋友視情況揣摩運用。如果搭配參照其他技術指標一起使用,將更能準確判斷進出場的時間點。

情境分析	說 明
❶ 價漲量增	· 若是出現在低檔區(可以參照週線圖)或是初升段(剛開始上漲時,正乖離在 2% 以下),通常表示股價將繼續上升
	· 若是出現在高檔區(可以參照週線圖)或是末升段(上漲已久時,正乖離在 10% 以上),很有可能是主力正在出貨,表示即將回檔
❷ 價平量增	· 若是出現在初升段或主升段,市場尚且延續前波末跌段的氛圍,因此股價尚在下跌,但因為成交量擴增,表示有主力介入,可以逢低承接
	· 若是出現在末升段,追價的人還是很多,但是價格卻漲不上去,表示上檔賣壓重重,極有可能將產生盤跌
❸ 價跌量增	· 若是出現在初升段,表示主力進貨,成交量放大,可是拉抬力量不足,造成股價下跌
	· 若是出現在末升段,雖然追價買盤仍然踴躍,但是股價卻是下跌,表示高檔賣壓重,可能盤跌
	· 若是出現在股價初跌或主跌段,價跌卻出量,表示已經發生現買現套的連環套情形,很有可能繼續下跌
	· 若是出現在股價的末跌段,表示有買盤於低檔介入,很有可能即將止跌走穩。但要注意的是,當下殺出大量時,需要等拉回之後不再破前波低點,在量縮價穩的情況下,才能考慮搶反彈

情境分析	說　明
❹ 價漲量平	‧ 表示主力或大戶尚未進場，應該是散戶自己追價，所以量能出不來，漲勢將不會持久
❺ 價平量平	‧ 行情在盤整階段，所以成交量沒有變化，價格也因而持平；短期內宜先觀望，不宜躁進
❻ 價跌量平	‧ 是散戶追殺散戶，所以價格下跌，量能不出，股價可能繼續走跌
❼ 價漲量縮	‧ 價格雖然出現上漲，但因成交量不足，甚至於萎縮；若是在股價初升段，將被視為只是短暫的價格反彈
	‧ 若是出現在股價的末升段，表示追價的人雖然讓價格持續上漲，但成交量卻愈來愈少、表示投資人愈來愈謹慎，股價很有可能將反轉向下
	‧ 若是出現在主升段，且連續數日均為價漲量減的格局，很有可能籌碼已被鎖住，接下來極有可能會無量飆漲
❽ 價平量縮	‧ 若是出現在末跌段，表示賣壓宣洩得已經差不多，殺低量見底，股價已經跌不下去了，情勢或將反轉
❾ 價跌量縮	‧ 若是出現在股價初跌段及主跌段，價格還在恐慌性賣壓之下，依然下跌，但成交量已經萎縮，表示沒有人願意承接，股價將繼續探底下跌
	‧ 若是出現在股價的末跌段，表示雖然股價還在投資人的持續拋售心態下下跌，但是殺低量已經不多了，表示底部已近，可以擇機進場

學會解讀經濟指標，
讓你成為半個贏家

在股市的交易策略中，除了運用各種技術指標，著眼於短線的衝鋒陷陣之外，如果能夠搭配具有判斷是否「吸金」能力的總體經濟指標，可以進一步的「以長線保護短線」，勢必會讓自己的投資組合更加靈活。本單元就是要介紹，有哪些重要的總體經濟指標，是投資人必需要瞭解的？而這些重要的經濟指標，又可以透過哪些網站及時取得，讓自己不會錯過良機？

單元
重點

- 熟悉三大總經指標，依景氣好壞來調整投資標的
- 知道自己的風險承受度，設定停利點與停損點

能解讀經濟指標，就已經是半個贏家

Ⓠ 我們已經學習技術指標了，為什麼還要學習解讀經濟指標？

Ⓐ 在投資股票時，利用技術分析可以找尋個股短期的進出場時間點；但是，基本分析（包含解讀總體經濟指標以及分析財報數據）則是著眼於個股在未來的一段時間裡，受到政治、經濟、產業等條件的變遷，或是個別公司業績的變化，

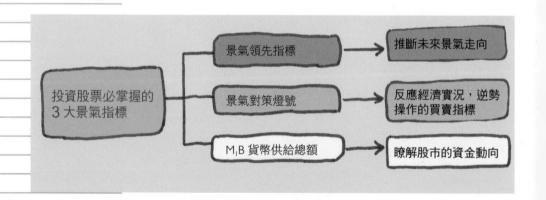

投資股票必掌握的 3 大景氣指標	景氣領先指標	推斷未來景氣走向
	景氣對策燈號	反應經濟實況，逆勢操作的買賣指標
	M₁B 貨幣供給總額	瞭解股市的資金動向

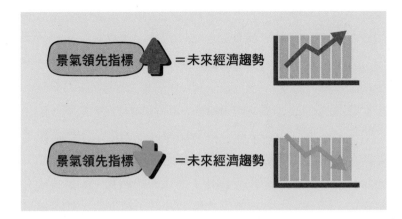

會不會有突如其來的衝擊，使得公司的股價有著非常規且難以解釋的改變！由於股票是經濟的櫥窗，向來股票會反應景氣的變化。我們在學習總體經濟指標之後，透過分析、解讀總體經濟與金融環境如何地改變，將有利於掌握目前的投資趨勢。如此地順水推舟，除了短線可以找到當紅炸子雞之外，長線還可以捕獲臥虎藏龍，進而大幅提高投資的勝率。

　　以近期的例子說明，美國總統川普從 2018 年啟動中美貿易逆差的戰火，繼之又在 2019 年加碼針對制裁華為及其供應鏈，諸如此類重大的經貿議題，都將改變各國政經結構；其衍生出的經濟消長變化，也將陸續影響產業板塊的挪移。如此一來，我們要預先知道哪些類股會受到影響，進而趨吉避凶、持盈保泰，就必需要關注經濟情勢的變化，特別是解讀幾個重要經濟指標的變化趨勢。而這些指標，就好比是大環境的晴雨計，能夠解讀其間的變化，再搭配短線操作利器 K 線圖、KD 以及其他的技術分析指標，除了提高勝算、降低風險之外，還可以穩穩地賺取波段財。

Ⓠ 那麼有哪些指標攸關股價變動，是我們在使用技術指標時，需要搭配著一起看的？

Ⓐ 各國的經濟指標經緯萬端，如果想要細細解讀，需要花費一番功夫（可以參照《3 天搞懂財經資訊》這本書）。不過，

投資朋友通常會重視的三大經濟指標，包括「國內生產毛額 GDP 的成長率」、「通貨膨脹率」以及「失業率」，我們將一一介紹，學會如何加以解讀，再來搭配技術分析指標，掌握進出場點。

首先，如果想要初步解讀一國經濟的好壞是否會留住或吸引資金前往投資，可以參考經濟成長率這個指標的趨勢變化。在解讀經濟成長率之前，先來瞭解「國內生產毛額」（Gross Domestic Product, GDP）所代表的涵義。一個國家的總產出，是分別由各個不同的產業部門，透過勞工或者機器設備等，把原物料加工之後再產製成品。這些產出額扣除投入的原物料或者半成品之後，就是加工創造產出的增加部分，稱之為「附加價值」（Value-added）；再把各種產出的附加價值，合計起來就是國內生產毛額。國內生產毛額的大小，代表一國的經濟規模；比較該年的 GDP 對於前一年 GDP 的增加程度，就稱之為「經濟成長率」，是判斷經濟情勢如何變化的重要指標之一。至於判斷經濟指標好壞的方式有兩個：自己和自己比（看看這一期有沒有比上一期要來得好），或者是同一時期的自己和同類型國家相比，有沒有比人家好。

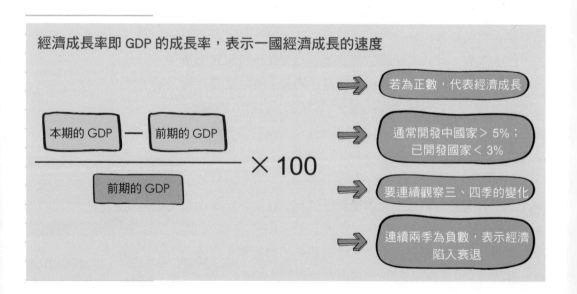

經濟成長率即 GDP 的成長率，表示一國經濟成長的速度

本期的 GDP － 前期的 GDP
————————————————— ×100
前期的 GDP

→ 若為正數，代表經濟成長

→ 通常開發中國家 > 5%；
已開發國家 < 3%

→ 要連續觀察三、四季的變化

→ 連續兩季為負數，表示經濟
陷入衰退

這樣的比較結果才會有意義。

當經濟成長率表現優於預期時，就可以預期內資與外資會「錢」進股市，因此，股市也將會啟動一番行情；此時，再透過技術指標找尋即將發動的個股，順勢而為，也就事半而功倍了！

（Q）通貨膨脹率和失業率高低，跟股市又有怎樣的關聯性呢？

（A）先來看一下簡單的推論：

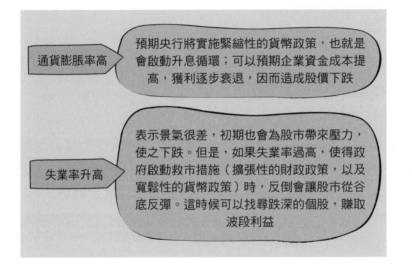

通貨膨脹率高：預期央行將實施緊縮性的貨幣政策，也就是會啟動升息循環；可以預期企業資金成本提高，獲利逐步衰退，因而造成股價下跌

失業率升高：表示景氣很差，初期也會為股市帶來壓力，使之下跌。但是，如果失業率過高，使得政府啟動救市措施（擴張性的財政政策，以及寬鬆性的貨幣政策）時，反倒會讓股市從谷底反彈。這時候可以找尋跌深的個股，賺取波段利益

在正常年頭，通貨膨脹率和失業率的走向會是相反的。因為經濟衰退時，失業率會上升，物價、通貨膨脹率會跟著走低；而當經濟轉強、失業率下降，民眾的可支配所得變多，有更多閒錢可以炒東炒西、炒股票炒房地產，因而有可能炒高物價，帶動通貨膨脹率逐漸攀升。可是，一旦通貨膨脹率和失業率雙雙上升，表示一個國家的經濟衰退、失業率增加，在可支配所得變少的同時，卻又面臨物價上漲（通貨膨漲率上升），難怪民眾會覺得很痛苦！因此，經濟學上會將通貨膨脹率和失業率這兩者加起來，稱為「痛苦指數」。

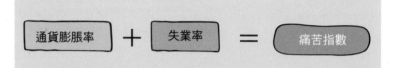

　　至於通貨膨脹率以及失業率，和股市有什麼樣的關係呢？我們就先來瞭解通貨膨脹率（Inflation Rate）跟失業率（Unemployment Rate）的定義。失業率是計算失業人口占勞動人口的比率，用來測量閒置中的勞動產能有多高。在美國，失業率會在每個月的第一個週五公布；而在臺灣，則於每個月下旬由行政院主計處公布。

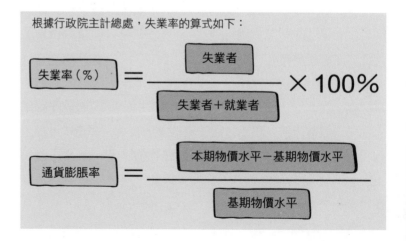

　　至於通貨膨脹率，是指貨幣發行量與實際需要的貨幣量的比例，藉此反應出通貨膨脹和貨幣貶值的程度，同時又可以衡量民間的實質購買力。試想，如果一個國家發行超過民眾需求的貨幣數量（也就是貨幣的供給大於需求），那麼這個貨幣的購買力一定會下降，也就是物價會上漲、東西變貴了的意思。而其實通貨膨脹與物價上漲是不一樣的經濟範疇；我們也許可以粗淺地說，如果物價上漲的程度超過貨幣主管機關（通常是央行）所設定的範圍，就會被提升到通貨膨脹的等級了。而衡量通貨膨脹率高低有三個指標，分別是：「生產者物價指數」（PPI）、「消費者物價指數」（CPI）以及「零售物價指數」（RPI）。

衡量通貨膨脹率的三個指標	
生產者物價指數	主要在反應原物料的價格變化
消費者物價指數	反應消費者支付商品和勞務的價格變化
零售物價指數	是反應在一段時間內，商品的零售價格變動趨勢和變動的程度，但不包括農業產品

　　瞭解這三個指標的定義之後，我們再來看看這三者如何影響該國的股價走勢。概括來說，如果社會的經濟發展迅速，個人的所得將逐步增加，消費進而就會增加；一旦民眾對於物資的需求大於供給，就會導致物價普遍地升高，這些指標就會逐步上升，最後帶來通貨膨脹的壓力。而一國的政府為了抑制通膨，多半的做法就是實施緊縮性的貨幣政策，也就是升息、提高利率；在該國的利率比起國外的利率高的時候，就會吸引外資湧入，進而帶動該國的貨幣升值。但如果該國的貨幣幣值連續升值好長一段時間，甚至於升過了頭，反而會影響該國上市公司的出口業績，進而造成股價下跌、股市衰退、經濟轉趨低靡。接著政府又啟動救市措施，或者是擴張性的財政政策，或者是寬鬆的貨幣政策；也許該國央行還

會讓該國的貨幣貶值以拯救出口產業。如此週而復始，也就形成景氣循環；投資朋友在篩選潛力股時，就可以按照這個邏輯找到優質標的，進而透過技術分析指標，找到進出場的價位。

	緊縮性財政政策	擴張性財政政策
目的	降溫股市與經濟	提振股市與經濟
方式	★ 升息：調升聯邦基金利率／法定存款準備率／重貼現率 ★減少貨幣供給量：央行利用公開市場操作，賣出公債	★ 降息：調降聯邦基金利率／法定存款準備率／重貼現率 ★增加貨幣供給量：央行利用公開市場操作，買入公債
影響	股市降溫 景氣下降 物價下跌	股市熱絡 景氣回溫 物價上漲

解讀景氣領先指標，預知未來景氣好壞

Q 有沒有哪些經濟指標，可以讓投資人預先知道未來景氣的變化呢？

A 大部分的投資人都是因為看好未來，才會勇於進場。但是，因為股市向來有經濟的櫥窗之稱，所以大環境的景氣變化，攸關公司未來業績的變化。景氣好，公司的業績才有可能好，股價也才比較有可能隨著業績的提升而往上漲。而攸關個別公司業績好壞，主要有三大景氣指標，分別是「景氣領先指標」、「景氣對策信號」以及「M_1B 貨幣供給總額」。

首先，我們先介紹什麼是景氣領先指標。顧名思義，景氣領先指標具有領先景氣變動之特性，透過解讀趨勢當中好的、壞的轉折點，可以用來預測未來景氣之變動趨勢。基本的解讀方式是追蹤由下降趨勢轉為上升趨勢的轉折點，來預測景氣由衰轉盛的可能性。

景氣領先指標是由七項和景氣相關的數據所組成的。這七項指標包括：外銷訂單動向指數、實質貨幣總計數 M_1B、

股價指數、製造業營業氣候測驗點、實質半導體設備進口值、建築物開工樓地板面積，和工業及服務業受僱員工淨進入率等。這些龐大資料量的處理結果，主要是來自經濟部、央行、證交所、經濟部、主計處、內政部和北美半導體設備材料協會等。如果想要提前瞭解產業的興衰狀況，追蹤這七項指標將可以未卜先知。

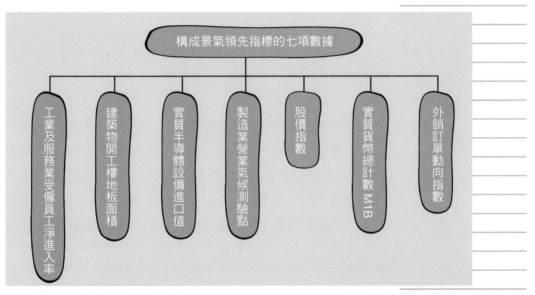

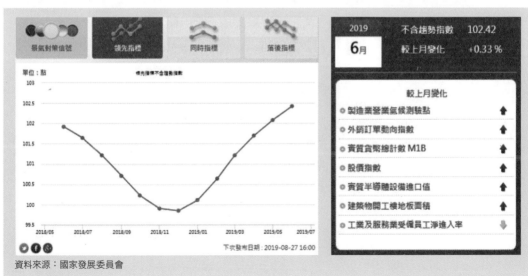

資料來源：國家發展委員會

掌握指標變動方向，順勢調整投資標的

Q 那麼這些指標和股市又有什麼關聯？其連動程度又是如何？

A 國發會的景氣領先指標，就是將這七個項目加權計算平均出來的結果。如果這項指數在最近半年都是呈現上升的走勢；又或者這七個組成項目中，有過半都是呈現上升的走勢，那就表示在未來幾個月內，整體經濟情況可能會漸趨好轉。相反地，如果該指數在最近半年都是呈現下滑的走勢；又或者這七個組成項目中，有超過半數竟是呈現下滑的走勢，那就表示該地區在未來幾個月內，經濟可能會持續走下坡。

明白這個基本判斷原理之後，投資朋友可以掌握本月所公布的數值，和過去的歷史平均值（例如季平均值）相互比較，進一步預測未來景氣之變動趨勢，以利加減碼。簡單的判斷方式是：當景氣領先指標小於景氣領先指標值的季均線，就代表未來景氣轉差，那麼這個指標短期間應該會不斷地下跌。一旦大環境不好，就算是龍頭產業也將難以倖免，股價也會開始下跌，於是重挫投資人的信心，股市通常就會哀鴻遍野，所以投資人就應該要準備出場。相反地，當景氣領先指標大於景氣領先指標值的季均線時，就代表未來景氣會逐漸轉佳，當指標轉趨上揚，股市通常也會跟著呈現一片榮景，此時投資朋友就可以準備加碼，伺機進場了。

景氣領先指標這樣告訴你：

進場、出場的訊號	
進場訊號	景氣領先指標 > 景氣領先指標值季均線
出場訊號	景氣領先指標 < 景氣領先指標值季均線

注意景氣對策信號，作為股海逆勢操作的指標

Q 關於「景氣對策信號」這項指標，又應該怎麼解讀呢？

A 國發會網站上的景氣領先指標，具有預知未來景氣榮枯的功能；而同樣會在月底定期公布的景氣對策信號，反映的則是經濟「實況」。

目前國發會編製的「景氣對策信號」，是由九項指標編製，分別為：股價指數、工業生產指數、批發、零售及餐飲業營業額、貨幣總計數 M_1B、製造業銷售量指數、製造業營業氣候測驗點、海關出口值、機械及電機設備進口值、非農業部門就業人數，並在每月依據各個構成項目當中的年變動率，給予相對應的分數和燈號，所以景氣對策信號也被稱為「景氣燈號」。

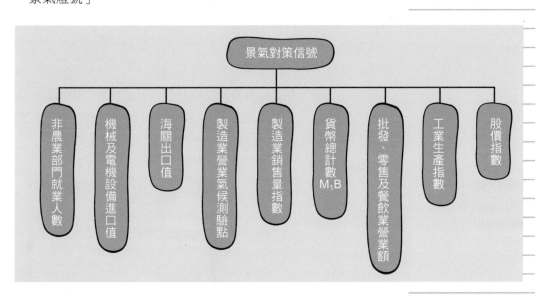

景氣對策信號中的各個燈號其意義都不相同，如果對策信號是綠燈，表示當前景氣穩定；紅燈則表示景氣熱絡；藍燈代表景氣低迷。至於黃紅燈及黃藍燈二者均為注意性燈號，表示景氣的轉折點；出現這兩類燈號時，投資人就要密切觀察政府是否有推出相因應的對策而導致景氣轉向（往綠燈的方向）。

有了這些基本概念之後，接著就來說明如何利用景氣對策信號，作為股市加減碼的依據。

　　首先，我們應該要知道景氣對策信號反映的是經濟的「現時狀況」，算是一種「落後指標」，因此在投資實戰上，反而應該要隨著景氣燈號的表現採取「逆勢操作」的策略；也就是說，景氣對策信號公布時，代表的是市場的現狀（就是已經確定的現在進行式），如果是低迷許久的藍燈，景氣確定是衰退的，也許景氣即將要落底（當然還得要關注政府是否有所作為），就不宜再殺低持股了。同樣地，景氣持續亮黃紅燈，甚至是紅燈，表示景氣過熱，在政府採取緊縮性的貨幣政策及財政政策之後，勢必會逐漸澆熄股市的熱情，投資人自然應該要逐步減碼、落袋為安，避免成為最後一隻老鼠。

　　投資大師巴菲特曾說：「當別人恐懼時要貪婪，當別人貪婪時要恐懼。」這句話可以為景氣燈號做一個註腳。如果在景氣最差的藍燈時，逐步進場架構投資組合，等到黃紅燈以後再漸次出場，應該會有很高的獲利率。只是在資本市場當中，那些敢危機入市的投資人，不但需要有很大的耐心、智慧和勇氣，也需要有夠深的口袋，才有機會賺取巨額的波段財。

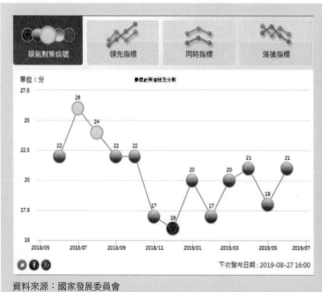

資料來源：國家發展委員會

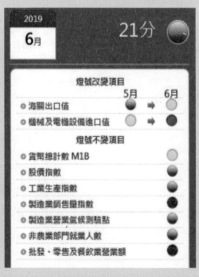

重點　想利用景氣對策信號當作進出股市的依據，就必須逆向操作、危機入市，投資人最好還需要再搭配其他的條件！

藍燈 → 買進訊號

黃紅燈 → 賣出訊號

股市資金動向，M_1B 貨幣總計數告訴你

前面我們提到的景氣領先指標和景氣對策信號，這兩者中都有貨幣總計數 M_1B，這個貨幣總計數 M_1B 指的是什麼？為什麼它這麼重要，同時出現在兩種指標中？

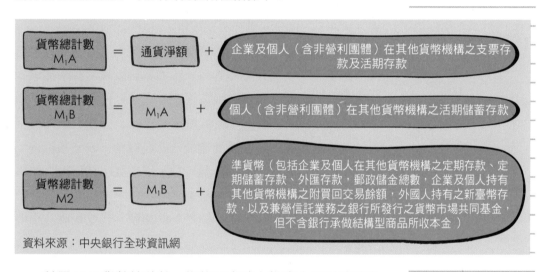

資料來源：中央銀行全球資訊網

所謂 M_1B 貨幣總計數，指的是市場上投資人可以隨時動用的資金，也就是股市資金動能的來源。證諸以往的實例，通常 M_1B 年增率增加，整體趨勢呈現上揚的走勢時，臺股是會上漲的；反之，當 M_1B 年增率減少，整體趨勢呈現下降的走勢時，臺股會下跌或者出現盤整。

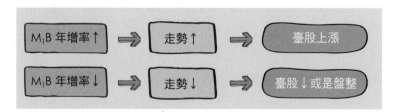

為什麼大盤會跟貨幣供給額有這樣的關聯性呢？簡單來說，市場上的錢可以區分成兩種去處：有些放在社會大眾的口袋裡，以因應各項的開銷或投資；另外一部分則會放在金融市場。在社會大眾口袋裡的錢，是因應日常生活所需，也可以拿去投資；但是如果把錢存放在銀行裡（活期或定期儲蓄存款等），就表示只想單純存著。M_1B 貨幣總計數代表的是活期儲蓄存款的金額，而央行統計數據中的 M2，就是 M_1B 再加上定期性存款。於是，當投資人看壞股市時，手上的資金就會變少，將資金轉入定存，此時 M_1B 就會下滑。然而若是股市轉趨熱絡，想發股財的股民變多了，這時候投資人就會陸續把定存解約、轉入股票市場，M_1B 因此就會上揚。

因為 M_1B 和 M2 之間的貨幣會相互流動，有所增減，所以會影響股市的資金動能強弱。我們也可以藉由觀察這兩條趨勢線的對應變化情形，找出進出場訊號。例如，M_1B 年增率曲線由下向上、穿越 M2 年增率曲線時，就會形成黃金交叉，意味著股市的資金動能充沛，即將啟動一波多頭行情；因此，出現黃金交叉，就成為一項進場信號。相反地，如果 M_1B 年增率曲線由上往下、穿越 M2 年增率曲線時，就會形成死亡交叉，可以視為是空頭走勢的訊號，也就是應該出場的時候了！

從 M_1B 和 M2 趨勢線的對應變化，找到進出場訊號	
M_1B 年增率曲線 ↗，穿越 M2 年增率曲線	黃金交叉 → 多頭行情
M_1B 年增率曲線 ↘、穿越 M2 年增率曲線	死亡交叉 → 空頭行情

除了觀察這兩條曲線的相對變化之外，如果每月底公布的M1B數值高於過去半年之指標均值，就表示偏向多頭格局；再者，如果 M1B 年增率從負值出現上揚、即將翻正的時候，也代表臺股的趨勢將由空轉多。相反地，如果每月底公布之 M1B 數值低於過去半年之指標均值，以及 M1B 年增率從正值

出現下滑、即將轉負的時候，就代表臺股的趨勢即將面臨空頭的局面。因此，投資朋友可以多留意這些訊息的相對變化，找到進出場的時機。

指標名稱	指標屬性	公布頻率	判斷方式
景氣領先指標	總體經濟指標	月	每月底公布之數值，須與過去一季之指標均值相比
景氣對策信號	總體經濟指標	月	每月底公布之數值，須與過去一季之指標均值相比
M_1B	總體經濟指標	月	每月底公布之數值，須與過去半年之指標均值相比

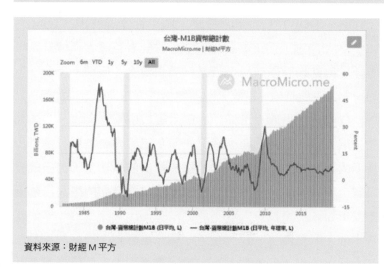

資料來源：財經 M 平方

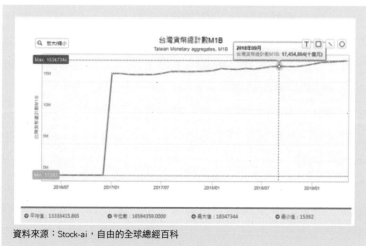

資料來源：Stock-ai，自由的全球總經百科

高殖利率概念股當核心持股，強勢股當衛星持股

Q 那麼要如何既關注長線的經濟指標，同時積極留意短線的技術指標變化，進而架構出自己的投資組合呢？

A 我們在前幾單元已經學會如何解讀技術分析的各項指標，尋找短期內較佳的買賣點；在本單元當中，也學會如何從總體經濟指標，去評估大環境的趨勢。最後，我們要來討論，在眾多的上市櫃公司中，投資朋友應該要如何有效率地配置投資標的？

一般說來，挑選股票有兩種方式，一種是「由上而下」（TOP－DOWN），另一種是「由下而上」（BUTTOM－UP）。所謂由上而下的選股方式，是先看整個大環境景氣好不好。也就是股票市場是否具備吸引資金（簡稱「吸金」）的能力。這個時候，就要先解讀總體經濟指標的表現如何。

我們可以先看看世界上的三大經濟引擎：美國、中國大陸和歐元區，它們的經濟狀況如何？總體經濟指標有顯示出衰退的跡象嗎？一旦這三大地區的經濟前景看淡，勢必就會影響全球經濟復甦的力道，那麼以出口為導向的臺灣自然會倍受影響，於是投資人就不敢從口袋掏出錢來投資，即使是基本面（財務數字，我們在下一單元會介紹）很好的個股，在大環境表現不好的情況下，也不具吸引力。反倒會讓有智之士趁著股價還沒開始下跌之前，先行賣出，躲過即將到來的股災。這種先看總體經濟指標，再精挑細選個股（解析財務報表）的方式，就是所謂由上而下的選股方式。例如索羅斯這一派的投資邏輯便是如此。

而由下而上的投資方式，可以股神巴菲特為代表。這種選股邏輯，是先著眼於個股的財務報表績效表現（找到產業中的投資亮點，也就是能夠「吸睛」的個股），挑中標的之後，再來考慮大環境目前的結構變化如何。這是因為巴菲特向來認為，投資股票是在買公司的價值；只要是好的公司，就算買了之後隨著大環境不佳而下跌，買來放著也沒關係，他甚

至還敢愈跌愈買──因為公司的體質佳，不必擔心公司會被下市而出脫無門的問題。只要景氣開始復甦，這些優質的股票一定是率先反彈的族群！回想在金融海嘯那段期間，市值王台積電還曾經看過 35 元的價位呢！但問題是，大部分的投資人既沒有巴菲特的膽識，口袋也沒有巴菲特這麼深、可以愈跌愈買，慢慢等待黎明的到來。所以，一般投資人要想像巴菲特一樣相準了一檔股票就長抱好幾年，進而賺取數倍的利益，似乎也不怎麼容易。

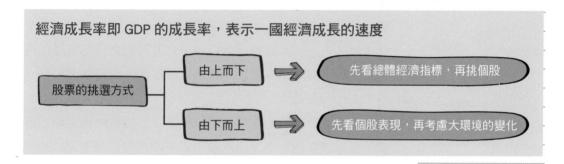

另外還要提醒投資朋友的是，臺股向來被歸類為淺碟型的市場，很容易受到外在因素的影響，而大幅度的波動（尤其容易受到美國股市的影響），所以大部分的投資朋友多半會選擇由上而下的操作方式來選股，以因應臺股容易隨著大環境起舞的特性。然而，另外一個重點是：我們要如何配置資金？核心持股與衛星持股又該如何搭配才好？

很多投資朋友都會認為，只要把資金分散投資在不同的產業就算是分散風險了；這種效果，其實還不如採用衛星和核心持股的概念來操作股票來得更積極。至於核心跟衛星持股要如何選擇，可以從以下的觀念來分辨。所謂的核心持股，就是你打算長期持有的股票，這類股票不會隨意買賣，是以獲取股利為主的。至於衛星持股，就是看準最近的波段漲勢，只打算中短期持有的股票，一旦達到目標價就會賣出以賺取價差；這種股票，就可以被歸類到衛星持股。這樣分類的好

處，就是目標很明確，短期價位到了，哪支股票該買或該賣？哪支股票又應該擺著不動？在投資人的心中，自有一把尺丈量著。因為很篤定，就不會隨著突如其來的某些黑天鵝事件而亂了方寸、手足無措。

既然核心持股是打算中長期持有、不隨意買賣，那麼這類股票的選股邏輯就要特別重視其基本面！所以，一定要把標的股票的行業狀況、財務比率、是否具有成長潛力等情況一一分析解構清楚，才可以出手買進。另外，既然是買進之後，有好長一段期間持股不動，那麼可以選擇高殖利率概念股為核心持股標的。所謂的高殖利率概念股，就是不賣也有錢可賺——可能是讓股子生股子，也有可能是獲配豐厚的現金股利。這樣的標的個股，會遠比放在銀行的定存要好得太多了！

至於衛星持股的選擇，因為是著眼於隨著市場短期的波動，可以積極地買進賣出賺取價差，所以除了基本面之外，舉凡消息面、技術面、籌碼面等，多少都要參酌考慮。如果希望短期就能夠有 10％以上的獲利率，那麼衛星持股的首選標的，當然就是當紅炸子雞強勢股，因為只有強勢股才能夠在短期內獲取波段利益。但是也要提醒投資朋友，千萬要注意追高的風險喔！

高殖利率概念股	衛星持股（高報酬、高風險）
抱著不賣	逢高就賣
等著股票發配股息，以時間換取金錢	低買高賣，賺取價差利得

確實執行停利停損，小心駛得萬年船

Q 既然長期、短期的關鍵指標都掌握到了，還有什麼需要注意的嗎？

A 所謂衛星持股是著眼於短期的強勢股，所以我們就要比

較頻繁地關注持股的表現。俗話說，「會買的是徒弟，會賣的才是師傅」；一旦盤勢不對，確實執行停利和停損，就會是勝出的關鍵了。而所謂的「停利點」，就是當我們買進股票之後，打算賺到多少就要把股票賣掉，那個讓你獲利滿足的價位，就叫做停利點；而股價跌了多少就會讓你寢食難安的那個價位，就是你的「停損點」。關於停利跟停損點的設定，有時候會因為個人的情況而異，有時候會隨著大環境因素而改變，並沒有放諸四海皆準的固定答案。在資本市場上，比較為大眾普遍接受的觀點是正負 20%，分別是停利點以及停損點。

然而不管停利點、停損點是設在哪個價位，最重要的是要能夠確切執行！要不然，一旦錯過所設定的賣點，這之後可能就江河日下，不再出現這麼高的價位了，那麼你曾經的獲利就是紙上富貴，空歡喜一場！更慘的是，因為沒有嚴格執行停損策略，萬一股價跳水式的下跌，不只跌停還跌個不停，那就更叫人後悔莫及了！因此，在買賣股票時，還是要建議投資朋友，雖然是經過你深思熟慮挑選出來的股票，但還是得要時時刻刻關注——就算打定的是長期投資策略，代表的還是長期的關注與經營，而不是放著不管。

在變化多端、產業週期日漸縮短的情況之下，要想持盈保泰，除了短期透過觀察 K 線等技術指標之外，產業技術的更迭、財務報表的表現、總體經濟指標的趨勢變化等，都是攸關投資人的財富淨值高低的關鍵要點。總之，投資股票要能獲利、要想留住財神爺，也得要讓財神爺看見你的努力啊！

會買股票的是徒弟，會賣股票的才是師傅！

搭配個股的基本面，
買股如虎添翼

技術分析雖然可以讓人找到理想的進出場時間點，但是股票的續漲動能，主要還是來自於個別公司優質的基本面；因此，我們在找到強勢股之後，還應該瞭解個股的基本面，這樣才可以增加持股信心！

- 解讀四大財務報表，找出優質個股
- 獲利能力首重 EPS，本益比（P/E）幫你選時機

解構強勢股的續航力，安心作波段

Q 找到吸金的時機以及市場，是不是也要知道這檔強勢股的續航力，作起波段來才能更安心？

A 以技術面的角度來說，在適當的時間點進出場、賺到價差之後，這檔個股會不會變成地雷股都跟我們無關了。但是，一檔好的個股從初升段開始起漲，一直到末升段，波段利益有時可以讓你翻倍賺！那麼這就絕對不是只有我們前面提到的，透過技術指標獲利一～兩成出場，就此別過、再也頭也不回了。

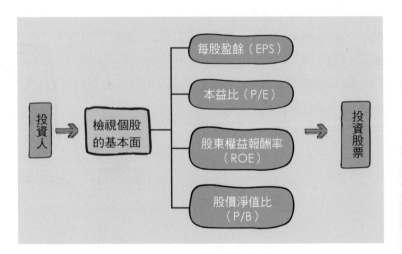

　　然而，從技術指標的角度而言，股價之所以能夠續漲，勢必得要克服獲利了結以及解套賣壓。因此，股價也絕不會一波漲到底，而是要經過上漲、盤整（獲利了結、解套）、小跌、再上漲等階段。因為有這樣的循環，才能提供給我們透過技術指標找尋進出場點的契機。但是，如果我們可以因為深入瞭解到該個股之所以上漲或下跌的理由，那麼在操作上是不是可以更加得心應手呢？換句話說，「技術面、基本面」內外兼俱的個股，才是好的投資標的。

　　至於該如何檢視個股的基本面？一般來說，可以從財務報表著手。但是，要在這些如有字天書般的財務報表中找尋並理解出所謂有優質基本面的個股，對於沒有受過財會訓練的讀者朋友來說，還真是莫大的挑戰！不過，我們在這一單元裡，並沒有打算長篇大論地介紹如何編製財務報表，而只是想站在投資人的角度，介紹四大財務報表的精隨，以及幾個需要特別關注的數值或是比率，例如每股盈餘（EPS）、本益比（P/E）、股東權益報酬率（ROE）和股價淨值比（P/B）等，都是投資人在挑選股票時不能忽略的重要指標！

Q　常常聽到公司會編制四大財務報表，這些報表有哪些重點需要知道呢？

A　透過技術指標找到的強勢股，一般都會是價量俱揚的個股。然而，該檔股票之所以會價量俱揚，表示有很多投資人陸續跳進來買進這檔個股，所以在陸續追價的過程當中，才會出現成交量擴大、價格上漲的情形。但是，當初會是誰最早發現這檔個股，而且敢率先逢低買進？他們是何方神聖？又是憑藉什麼而勇於進場的呢？

　　通常，會由先見之明者搶頭香，這些人多半是法人。而法人選股，憑藉的就是立基於該個股基本面的財務報表——除非是某些主力炒作的標的，那就另當別論。但是，跟著主力炒股，雖然可以有搭上雲霄飛車賺錢的快感，一旦搭錯車

被養－套－殺，那也會有坐上大怒神而被狠甩的驚恐！

　　那麼法人或是一般長線的投資人在挑選股票時，都會怎麼篩選標的呢？大部分都會先參考該個股的「綜合損益表」，確認該檔個股過去的盈虧情形——臺股有千百檔個股掛牌上市（櫃），當然會先挑過去有賺錢的個股，以及未來也有潛力賺大錢的個股。想知道過去有沒有賺錢？又是賺多少錢？是靠本業賺錢，還是業外的收益？諸如此類的資訊，都可以在綜合損益表找到答案。

　　除此之外，就算是有賺錢的公司，也有可能發生週轉不靈的「黑字」倒閉情形；這時候，你可以查閱「現金流量表」；而之所以不是「赤字」倒閉，而是「黑字」倒閉，是因為公司有很多欠款收不回來，影響了公司日常營運的資金調度，這時候，我們就應該學會解讀「資產負債表」中的「應收帳款」項目。

　　而在決定要買進股票、當這家公司的股東之前，可以先去看看這家公司的「權益變動表」，上面會記載歷年來這家

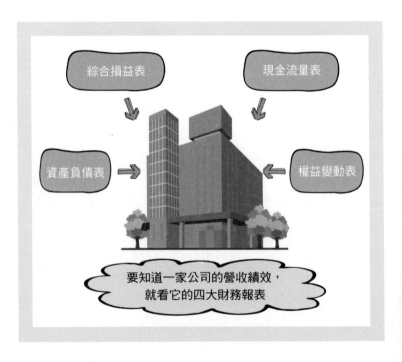

公司對於股東的分潤狀況，較諸於同業是好還是不好？初步檢查過這些資訊之後，再透過技術分析的各項圖形或指標，找到好的進出場時間點，這樣，以長線保護短線，抱股就可以抱得安心，不會步步驚心。

表❶ 資產負債表

合併資產負債表

本資料由台積電公司提供

「投資人若需了解更詳細資訊可至XBRL查詢平台或點子查查詢」

本公司採 月制會計年度(空白表曆年制)

註:各會計項目金額之百分比,係採四捨五入法計算

民國108年第1季

單位：新台幣仟元

會計項目	108年03月31日		107年12月31日		107年03月31日	
	金額	%	金額	%	金額	%
流動資產						
現金及約當現金	645,670,527	29.52	577,814,601	27.64	577,782,963	28.20
透過損益按公允價值衡量之金融資產－流動	3,084,399	0.14	3,504,590	0.17	963,915	0.05
透過其他綜合損益按公允價值衡量之金融資產－流動	107,313,205	4.91	99,561,740	4.76	95,713,446	4.67
按攤銷後成本衡量之金融資產－流動	4,179,386	0.19	14,277,615	0.68	9,886,741	0.48
避險之金融資產－流動	969	0.00	23,497	0.00	26,357	0.00
應收帳款淨額	106,431,149	4.87	128,613,391	6.15	106,601,372	5.20
應收帳款－關係人淨額	309,821	0.01	584,412	0.03	1,179,312	0.06

資料來源：公開資訊觀測站

表❷ 綜合損益表

合併綜合損益表

本資料由台積電公司提供

「投資人若需了解更詳細資訊可至XBRL查詢平台或點子查查詢」

本公司採 月制會計年度(空白表曆年制)

註:各會計項目金額之百分比,係採四捨五入法計算

民國108年第1季

單位：新台幣仟元

會計項目	108年01月01日至108年03月31日		107年01月01日至107年03月31日	
	金額	%	金額	%
營業收入合計	218,704,469	100.00	248,078,671	100.00
營業成本合計	128,352,344	58.69	123,103,977	49.62
營業毛利(毛損)	90,352,125	41.31	124,974,694	50.38
已實現銷貨(損)益	5,432	0.00	-117,155	-0.05
營業毛利(毛損)淨額	90,357,557	41.31	124,857,539	50.33
營業費用				
推銷費用	1,459,973	0.67	1,448,092	0.58
管理費用	4,140,729	1.89	4,851,708	1.96
研究發展費用	20,417,311	9.34	20,428,594	8.23
營業費用合計	26,018,013	11.90	26,728,394	10.77

資料來源：公開資訊觀測站

表❸ 現金流量表

合併現金流量表

本資料由台積電公司提供

「投資人若需了解更詳細資訊可至XBRL資訊平台或電子書查詢」

本公司採 月制會計年度(空白表曆年制)

民國108年第1季

單位：新台幣仟元

會計項目	108年01月01日至108年03月31日 金額	107年01月01日至107年03月31日 金額
營業活動之現金流量－間接法		
繼續營業單位稅前淨利（淨損）	68,181,652	99,943,621
本期稅前淨利（淨損）	68,181,652	99,943,621
折舊費用	76,192,468	70,462,286
攤銷費用	1,355,336	1,035,591
預期信用減損損失（利益）數/呆帳費用提列（轉列收入）數	-4,885	-1,757
透過損益按公允價值衡量金融資產及負債之淨損失（利益）	338,047	28,142
利息費用	899,065	807,966
利息收入	-4,408,776	-3,154,189
股利收入	0	-453
採用權益法認列之關聯企業及合資損失（利益）之份額	-433,491	-681,791

資料來源：公開資訊觀測站

表❹ 權益變動表

合併權益變動表

本資料由台積電公司提供

「投資人若需了解詳細資訊可至XBRL資訊平台或電子書查詢」

本公司採 月制會計年度(空白表曆年制)

本期

民國108年第1季

會計項目	普通股股本	股本合計	資本公積	法定盈餘公積	特別盈餘公積	未分配盈餘（或待彌補虧損）	保留盈餘合計	國外營運機構財務報表換算之兌換差額	透過其他綜合損益按公允價值衡量之金融資產未實現評價
期初餘額	259,303,805	259,303,805	56,315,932	276,033,811	26,907,527	1,073,706,503	1,376,647,841	-12,042,347	-3,42
採用權益法認列之關聯企業及合資之變動數	0	0	4,386	0	0	0	0	0	
本期淨利（淨損）	0	0	0	0	0	61,393,851	61,393,851	0	
本期其他綜合損益	0	0	0	0	0	0	0	3,226,397	1,48
本期綜合損益總額	0	0	0	0	0	61,393,851	61,393,851	3,226,397	1,48
對子公司所有權權益變動	0	0	370	0	0	0	0	0	
非控制權益增減	0	0	0	0	0	0	0	0	
處分透過其他綜合損益按公允價值衡量之權益工具	0	0	0	0	0	-95,538	-95,538	0	9
其他	0	0	0	0	0	0	0	0	
權益增加(減少)總額	0	0	4,756	0	0	61,298,313	61,298,313	3,226,397	1,57
期末餘額	259,303,805	259,303,805	56,320,688	276,033,811	26,907,527	1,135,004,816	1,437,946,154	-8,815,950	-1,84

資料來源：公開資訊觀測站

賺錢的效率要看 EPS

(Q) 這些報表當中，有沒有哪些數據是我們要理解的？

(A) 首先，我們來看看一般投資人通常最想知道的公司營收及獲利問題。如果有兩家公司公布出來的營收狀況都一樣，是不是就代表這兩家公司都一樣好？當然不完全是如此，以

下我們用數字來說明。

假設兩家公司在同一段時間都是賺 1000 萬，但是一家公司的本金是 1 億元，另一家的本金卻是 5 億元；相較之下，當然是前者比較會賺錢。如果就賺錢數字多寡來看，兩家公司都賺了 1000 萬，乍看之下無分軒輊；但如果是以將本求利的本事來看，後者的效率就差得多了。

所以，為了區分哪家公司的獲利能力比較好，不能夠單單看它們賺了多少錢（絕對數字），還必須要進一步去看它們使用多少資源去賺到這些錢（相對數字）？使用這種淨利潤與使用的本金（即投入資本，或稱為「股本」）之間的比值，就是我們常聽到的每股盈餘（Earnings per share，EPS）。我們可以從綜合損益表中看到這個數字。

更積極一點，我們可以每月或每季從股市公開資訊觀測站去追蹤個別公司的這一個數字。當 EPS 值愈高，代表公司的獲利能力愈強，這也是我們在評估一家公司好壞的重要參考指標之一。當我們知道這家公司的獲利比起同業都要來得好的時候，再透過技術分析所提到的型態或指標去找進出場點，感覺會更為踏實。

每股盈餘（EPS）＝ $\dfrac{公司的淨利潤}{加權平均股數 *}$

＊加權平均股數也可用「流通在外股數」替代，通常是使用加權平均

台積電近期的每股盈餘

獲 利 能 力 (108 第 1 季)		最新四季每股盈餘		最近四年每股盈餘	
營業毛利率	41.31%	108 第 1 季	2.37 元	107 年	13.54 元
營業利益率	29.38%	107 第 4 季	3.86 元	106 年	13.23 元
稅前淨利率	31.18%	107 第 3 季	3.44 元	105 年	12.89 元
資產報酬率	2.90%	107 第 2 季	2.79 元	104 年	11.82 元
股東權益報酬率	3.59%	每股淨值：	67.21 元		

資料來源：公開資訊觀測站

至於要如何解讀 EPS 的高低好壞，有兩大原則：第一個是要和自己的過去紀錄比。先找出這家公司過往的紀錄，例如上個月、上一季，或者是去年的同一季的數值，再把這些數字跟當期的數字相比，可以從中發現其趨勢變化。跟自己的數字比較完之後，接下來，就是和同性質的公司相比較。

　　這些報表的資訊來源，都可以從公開資訊觀測站、企業的官方網站、券商網站、國內各大入口網站等，查詢到相關資料。

台積電近期的每股盈餘

本資料由　（上市公司）台積電公司提供		
	民國 108 年 06 月	單位：新臺幣仟元

項目	營業收入淨額
本月	85,867,929
去年同期	70,438,298
增減金額	15,429,631
增減百分比	21.91
本年累計	459,702,944
去年累計	481,355,482
增減金額	- 21,652,538
增減百分比	- 4.50
備註	

資料來源：公開資訊觀測站

選股選時機：本益比（P/E）<15

(Q) 那麼要如何解讀 EPS 呢？

(A) 至於要如何解讀 EPS 的高低、好壞。我們可以將之歸納成兩大原則：

❶ 和自己的過去紀錄比。先找出這家公司過往的紀錄，例如上個月、上一季，或者是去年的同一季的數值，再把這些

數字跟當期的數字相比，可以從中發現其趨勢變化。

❷ 和自己的數字比較完之後，接下來，就是要和同性質的公司相比較。如果該公司的獲利狀況跟以往比起來有長足的進步，那麼，和同業比較起來又是如何呢？同業會不會進步得更多、幅度更大呢？如果同業成長的幅度更大，那麼投資人關愛的眼神也會移向同業，資金也將隨之而去了──畢竟大多數的投資人只有一套資金，一定會挑精揀肥、找尋最好的標的投資，不會因為某家公司的業績進步就吸引來資金進駐、讓股價一飛沖天的。

關於公司歷年來的 EPS，可以從公開資訊觀測站、企業的官方網站、券商網站、國內各大入口網站等，查詢到相關資料。

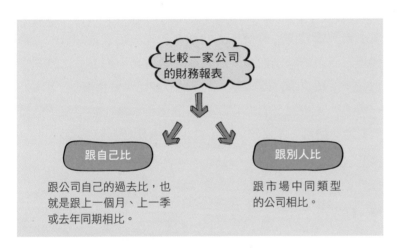

（Q）那麼要如何運用 EPS 來選股呢？

（A）掌握到公司財務報表中重要的「眉角」──EPS 之後，接下來，我們可能比較在乎的是現在的股價是貴還是便宜？可不可以從財務報表中去找到某些蛛絲馬跡呢？我們又要如何進一步根據報表中的某些數字去計算、衡量目前的股價是否合理？適不適合現在進場？這時候，就要參看個股的本益比（P/E）。

EPS 愈高，不代表連結標的個股愈好，還必須一併
衡量本益比（P/E）才是。

　　所謂本益比（P/E）中的「本」，也就是 P（price），指
的是投資人買進股票的市價或成本；「益」則是 E（EPS），
指的是公司的每股盈餘。因此，本益比的意義，就是每投入
一元買進股票的成本，與所獲得的利益之比值。在使用這項
公式時，須注意有些假設前提：

❶ 公司是賺錢的；如果虧錢，EPS 變負值，那麼本益比的公
　 式就不適用
❷ 公司會將所賺到的盈餘都配發給股東，沒有保留盈餘
❸ 公司是發放現金（即沒有股票股利）

　　大多數投資人會如何運用每股盈餘（EPS）以及「持有成
本」來判斷目前的股價是否合理？首先，每股盈餘愈高，就
代表該公司的利潤愈多，而將這些數值套用到本益比公式中
（P/E），就會讓分母變大，相對地本益比值就會變小。因此，
一般法人（特別是對外資而言）會挑選本益比相對較小的時
機買進。通常，本益比值要小於 15，會比較有吸引力。

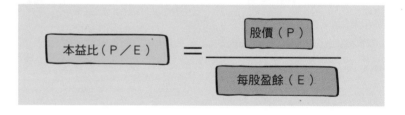

$$本益比（P／E） = \frac{股價（P）}{每股盈餘（E）}$$

Ⓠ 那麼是要挑本益比比較小的時候進場嗎？
Ⓐ 原則上是。如果我們仔細一點看，會發現其實不僅本益
比，就連投資報酬率都和每股盈餘有關係。從公式上看，本
益比和投資報酬率是互為倒數的；換句話說，當股票的投資
報酬率較高時，就是本益比較低的時候。所以，如果你看到
某一檔股票的本益比從 10 倍變成 20 倍時，代表該檔個股的

投資報酬率其實是縮水了，從原本的 10%（＝ 1/10）降低成 5%
（＝ 1/20）。因為投資報酬率腰斬，它的股價自然就會向下
修正。因此，透過觀察本益比的變化，也可以掌握適合的進
出場點。

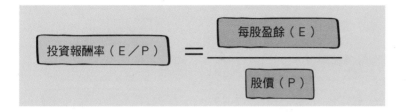

投資報酬率（E／P）＝ 每股盈餘（E） ÷ 股價（P）

Q 本益比（P/E）低的股票，是不是就是好股票？

A 雖然本益比可以讓我們粗略地瞭解現在是不是合適的進
場時機，但要注意的是，不同產業所適用合理的本益比範圍，
也會有所不同，不能使用同一套標準來審視。如果是具有高
成長潛力的產業或公司，市場投資人會願意給它們較高的本
益比，例如資通訊產業的合理本益比，就會高於食品業。既
然本益比是報酬率的倒數，那麼本益比低的股票是不是就會
比較好呢？其實，不管是要利用本益比來選股或是選時機，
主要關心的是本益比（P/E）中的 E，也就是每股盈餘（EPS）
的狀況。

　　我們來舉例說明，假設 A 公司今天的收盤價是 100 元，
預期未來的每股盈餘是 10 元，那麼甲公司的本益比為 10
（=100/10）；同一時間 B 公司的收盤價是 240 元，預期每股
盈餘是 20 元，那麼乙公司的本益比則是 12（＝ 240/20）。表
面上看，B 公司的本益比（12）高於 A 公司的（10），好像
應該買 A 公司的股票，可是投資人應該專注的是公司賺錢的
本事──也就是每股盈餘的高低。如果每股盈餘高，自然就
賺的比較多，未來應該會較有前景才對，投資人自然就較為
看好，願意花錢投資這家公司，股價就會應聲上漲。這就是
為什麼有些公司明明本益比比較高，可是大家還是勇於追價，
其道理便在於此！

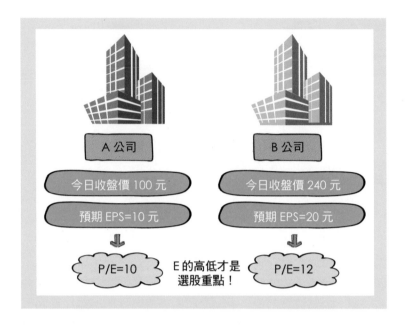

A 公司 | B 公司
今日收盤價 100 元 | 今日收盤價 240 元
預期 EPS=10 元 | 預期 EPS=20 元
P/E=10 | E 的高低才是選股重點！ | P/E=12

股東權益報酬率高的公司，賺錢速度也比較快

Q 那除了本益比之外，還有哪些財務指標是我們應該關注的？

A 除了本益比，另外還有一個法人機構會特別重視的指標，那就是「股東權益報酬率」（Return On Equity，ROE）。

先來看看股東權益報酬率（ROE）的計算公式，就是「稅後純益」除以「平均股東權益淨額」。股東權益報酬率所代表的意義是：一家公司的股東每出一塊錢，能賺多少錢回來？股東權益報酬率是很重要的財務分析指標，因為股東權益報酬率的計算，包含了一家公司的財務結構、經營效率及獲力能力等三大面向；通常股東權益報酬率較高的公司，也代表這家公司的賺錢速度比較快，償債能力也會比較強。因為它包含的面向更廣，所以，這個數據也是股神巴菲特選股的指標之一。

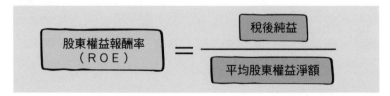

$$股東權益報酬率（ROE） = \frac{稅後純益}{平均股東權益淨額}$$

　　為什麼還要重視這個 ROE，而不是只看淨利就好了？主要原因是公司的淨利高，不代表身為股東的你就會有比較好的收益。這是因為就算一家公司的淨利很高，也不見得全部會發放給股東，因為會有所謂的「保留盈餘」；所以我們在選股時，需要檢視這家公司過往發給股東股利到底有多少？

 一家公司的 ROE 數值愈高，表示它的獲利也高，股東能夠獲得的權利相對而言會比較多。

　　而 ROE 這個數字要有多高的水平，才算好呢？以外資的選股標準來說，股東權益報酬率（ROE）最好要高於 15%。但即使 ROE > 15%，你還得檢視公司的淨利來源為何。如果一家公司的股東權益報酬率較高的原因，是來自於業外收入，比方說是因為出售轉投資股票，或是出售土地等不動產而產生的業外收入時，我們就需要特別留意。因為這些收入來源既不固定，也沒有辦法持續，運氣好，買對時機可以賺一波；運氣不好，我們就會在高檔慘遭套牢了。所以即便 ROE 很高，也不盡然可以當作選股唯一的參考指標。

重點 如果一家公司的 ROE 較高，主要是因為它的業外收入高，投資朋友就必須當心！

空頭時期的選股原則：股價淨值比（P/B）< 2

Q 當景氣不佳的時候，有沒有指標可以供篩選適合投資的標的？

A 前面提到的選股原則，是要選股東權益報酬率（ROE）高於 15%，本益比（P/E）則是在 15 倍以下。不過，上述的原則比並非所有時間、所有產業都適用，尤其是在空頭的時候，很多公司都沒有賺錢，甚至於還嚴重虧損，這時候我們挑選股票的原則就要調整了。在景氣不好的時候，有些公司

的盈餘很有可能是負數（就是虧錢）；既然是負數，那麼本益比這個公式就不能夠用了。

景氣不好、公司沒有賺錢時，我們應該要改看「股價淨值比」（P/B）。這項公式中的 B 代表帳面淨值，P 則是買進公司個股的股價。我們來舉例說明，假設今天投資人花了 15 元買進一家公司的股票，但這家公司的淨值卻有 20 元，代表這家公司被清算解散之後，它有 20 元的價值，超過股價 15 元，所以投資人花 15 元買進這家公司的股票，算是安全的。

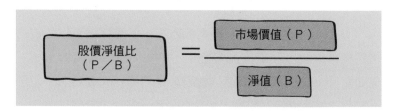

所以，如果是在景氣欠佳、甚至於是空頭的時候，公司不賺錢，我們可以改成使用股價淨值比（P/B）來挑選股票，而這個數值最好是小於 1。但是有些外資的選股標準比較嚴格，它會要求要小於 2。可是就算在股價淨值比小於 2 的時候買進股票，也不代表這家公司的股價就會上漲，因為這還牽涉到該公司過往交易的量和價的問題。原因是，即使你挑了一檔自認為財務數據是很好的股票，若只是流於孤芳自賞是沒有用的；只有你認為好，股票還是不會漲，而是要各路英雄所見略同，你買進之後，後續有人跟進買股才有用，而且還要有大量的買單，才會推升股價。所以，只是單看前面所介紹的任何一種財務數據來選股，未必能夠選到飆股，還是必須搭配技術分析的相關指標，才能提高我們的勝算。

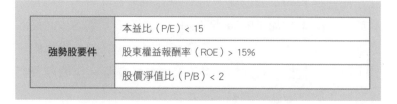

表❼ 台積電的每股淨值／2019 年 7 月 19 日

獲 利 能 力 (108 第 1 季)		最新四季每股盈餘		最近四年每股盈餘	
營業毛利率	41.31%	108 第 1 季	2.37 元	107 年	13.54 元
營業利益率	29.38%	107 第 4 季	3.86 元	106 年	13.23 元
稅前淨利率	31.18%	107 第 3 季	3.44 元	105 年	12.89 元
資產報酬率	2.90%	107 第 2 季	2.79 元	104 年	11.82 元
股東權益報酬率	3.59%	每股淨值：	67.21 元		

資料來源：公開資訊觀測站

　　最後，我們可以簡單的歸納一下這四大報表的特色。綜合損益表是用來表達公司在一段期間（可以按月、季、年等）的營運結果。資產負債表是顯示企業在某一個特定的時間點（例如：一季、一年）的資產、負債，以及股東權益的財務狀況。權益變動表則詳載股東的權益變化，包括股票股利、現金股利、法定盈餘公積等利潤配發的情況。現金流量表是顯示出企業在某一段時間內「現金」的流進、流出的情況。

　　讀者諸君只要抓緊本單元所敘述的要點，就不會被龐大而複雜的財報數字給嚇跑！而在解構公司的財務數字、確認即將成為資金進駐的對象之後，便可以透過技術指標，找到適當的進出場點，安穩地以長線保護短線，隨著股價持續往上漲的趨勢而來回賺取價差了。

四張報表透露給投資人的訊息

❶ 綜合損益表

顯示企業的營運結果

❷ 資產負債表

顯示企業在某一個時間點的財務狀況

❸ 權益變動表

記載了股東的權益，包括股票股利、現金股利、法定盈餘公積等狀況。有多少分紅可領，要看這裡

❹ 現金流量表

顯示企業某一段時間內現金流進流出的情況

關注外資買超／賣超，緊追市場動向

外資買賣超，
必須關注一段時間

由於外資主導臺股的態勢已然十分明顯，所以外資近期是買超或是賣超，以及哪些標的個股被大幅度地買超或賣超等動向，就成為投資人關注籌碼流向所必須參考的資訊。至於我們經常看到新聞出現「某某外資大量買超某家公司」或是「某某外資出具調降評等的報告」這類外資買超／賣超動向的報導，投資朋友又該怎麼判斷它的意義呢？

投資人關注外資買賣超個股時，基本上有兩個要點需要特別留意，分別是「看大不看小」以及「看買不看賣」。我們分別說明如下：

看大不看小：

外資千里迢迢把資金搬到臺灣來，所要投資的標的自然不會是泛泛之輩。而外資會如何挑精揀肥呢？首先，自然是要找到有發展潛力的產業，以及該產業當中的佼佼者——也就是投資亮點。著眼於全球布局的「真」外資，應該是不會買進股本小、籌碼少的個股的；也就是說，外資買賣股票，一定會考慮流動性的問題，外資會挑「買得到也賣得掉」的股票。因此，外資平常慣於操作的臺股標的個股通常不會超過 50 檔，而且多半都會是大型的權值股，或者是臺灣 50 指數裡面的成分股。

另外，外資的投資布局，多半會參考 MSCI 定期公布對於各地區的權重而做的資產配置；也就是說，外資會衡量目前手上有多少資金，參考 MSCI 的評等報告而等比例地買進多少部位，以求績效不至於落後其他的基金經理人。但是，因為外資所掌握的金額都很大，再加上臺股目前有漲跌幅 10% 的限制，所以考量到流動性的問題，對於籌碼少（資本額小、流通在外的股數少）的小型股、非電子股（傳產股）或者容易受政府政策主導的金融股，外資通常是淺嘗即止、酌量買進，甚至於能夠不買就不買，以免碰到某些因素（特別是非經濟性因素）的干擾而需要停損時，卻出脫無門，資金被套住。

看買不看賣：

解讀外資在臺股市場的布局情況，還需要介紹一下外資的資金來源。所謂的外資，就字面上的意義來講，就是外

來的資金；而這些外來的資金，其來源不外乎以下這四種（參見下圖）：首先，是來自於各行各業退休基金的提撥，其次是各地區的投資人委託代操的共同基金，第三是投資條件有所限制的對沖基金，最後則是來自外資自營部操作的資金。

　　所謂的退休基金，自然是勞動者從職場退休之後可以花用的錢；目前世界各國關於退休金的提撥都有明文規範，有些國家甚至強制要勞動者在有工作的階段就需要定期提撥一定比例的資金，存至退休金專戶，等到若干年退休之後，才能夠使用。由於退休金專戶中可投資的部位非常龐大，加上可操作運用的時間也最長（平均都超過十年），經理人在作資產配置、全球布局時，自然會儘量挑選成熟穩健、獲利可期的大型股，讓此退休金專戶的績效可以穩定成長。

　　至於在共同基金的選股部分，由於主動式的基金經理人需要定期繳出亮眼的績效和成績單，以吸引更多的投資人勇於將資金繼續投入，讓資

產管理公司可以賺取更多的手續費收入，所以，基金經理人一定會將部分的資金配比在近年來高度成長、波動性較大的新興市場；而在這些基金經理人的眼中，值得投資的新興市場地區，臺股始終占有相當的重要性。所以，基金經理人會擺放在區域型基金（例如大中華區、亞太地區）和臺港基金（想知道更詳細的資訊，請參考《3天搞懂基金買賣》一書）的部位，自然不會太少。因此，這麼龐大的資金進出臺股，對於臺股的影響也不可小覷；特別是這些動輒數百萬到上億美元的資金流動，也會影響到臺股的中長期趨勢。尤其當外資已經是滿手持股時，如果股價沒有漲到適當的價位，或是沒有需要因應某些特殊情況而改變其操作策略的話，外資操盤人通常不會頻繁地更換持股的。

　　另外，如果只是關注外資某一兩天的買超或賣超狀況就驟然下定論，認為未來一定是多是空，那麼是很容易誤判情勢的。因為，外資的操盤策略有一定的邏輯，不會忽空忽多、頻

外資來源

各行各業退休基金的提撥

各地區的投資人委託代操的共同基金

投資條件有所限制的對沖基金

外資自營部操作的資金

繁地改變。想要瞭解外資的動態，一定要持續觀察外資的買賣超情況，並且有足夠長的一段時間，才具有參考價值。

買得到也要賣得掉：法人專情權值股，外資動態報你知

　　從下面那張表，我們看得出來，外資若想要布局臺灣的股票，通常不會去買進股本很小或是獲利能力不是很高的小型股。因為外資向來注重風險控管，基本操作規範會要求布局「買得到又賣得掉」這種流動性很高的標的。而且，一旦外資決定要買進哪一檔個股，通常不會幾張幾張地慢慢買，只要一下單給臺股交易員，肯定就是幾百張起跳的！

　　為何會是如此？試想，臺股中像台積電或鴻海這種大型的權值股，就算在成交量萎縮的交易日，每天平均的成交量也都有數萬張之譜；而就整體外資將其列為臺股必備款而言，每天大量的買賣交易量，可能就占掉總成交量的三成以上。外資在看準趨勢買進持有之後，會等到恰當的時機（或停利點）再行出脫、獲利了結。按照這樣的邏輯，如果外資買進的是那種日成交量很小，或是成交張數少到只有幾百張的小型股，真想要布局、納入投資組合中，那得要買或賣幾天，才能夠完成該有的資產配置數量？更何況，以外資向來大手筆的操作手法，可能會讓這些被看中的小型股面臨外資一買就漲停、一賣就跌停的慘況。而外資當然不會讓自己深陷此境地。

　　因此，外資選股的邏輯，首先就

外資資金種類及其操作特性

資金種類		全球資金估算總規模	投資臺股所占比例	資金操作特性與影響
各國的退休基金		數百～數千億臺幣	甚少，可能不足 1%	買進標的之後，周轉性不高，短期影響有限
共同基金	全球型／全球高科技類股	數億～數十億臺幣	可能會買臺灣重量級科技類股，約占 5% 以下	與退休基金相似，但容易受到產業循環而調整持股
	新興市場型	數千萬～數億臺幣	臺灣在新興市場的比重近年略有提升，約在一到二成左右	因為持有較多臺灣股票，因此短線進出之影響性較大
	區域型（大中華區）	數千萬～數億臺幣	同「新興市場型」，但範圍及比重更集中在臺股市場	投資臺股相對較積極，因此進出也較為頻繁
	臺港股票	數百～數千萬臺幣	因為基金的投資範圍就界定在臺港，因此比重最高，有時超過五成	因為規模較小，所以縱使持股比重較高，影響力也不及區域性基金
對沖基金		數億臺幣	不一定	熱錢的一種，所以進出頻繁，選股標的有時著重在中小型類股，對臺股有短暫影響
外資券商自營部資金		數億臺幣	不一定	與對沖基金相似

資料來源：《3 天搞懂權證買賣》

是看該標的股的市值大小、流動性好壞，再來是公司的經營狀況（包括營收、獲利成帳幅度等財務資料），進而篩選出有潛力會上漲的個股，再來買進持有。所以，讀者朋友除了透過技術指標可以找到目前較為活躍的個股之外，也可以觀察最近外資正在連續買超的個股，當作自己選擇標的個股的參考。

法人涉入的個股，籌碼較為穩定

觀察三大法人的進出狀況，還有一個好處——那就是可以從中找到籌碼較為穩定的標的。通常散戶若看到某檔股票的價格一直往上漲，技術指標也接續翻多之後，就會心癢難搔，進而會去追價、一直跳進來買，最後就會形成專屬散戶的融資餘額增幅超過大盤的漲幅，這時候所隱含的意義是：籌碼多半已經流到散戶的手上，開始潛藏不安定的因子。

為什麼會說不安定呢？因為就算散戶看到行情很好、機不可失，都跳進來買股票了，也總得要有人願意賣，散戶也才買得到吧？那之後，才有可能讓行情繼續地往上燒。可重點是，在市場一片看好、眾人都爭先恐後想要買進該檔個股時，又會是誰在這時候捨得賣出股票呢？而且，賣出的股數還很多（俗稱「爆大量」），

讓想買的散戶雨露均霑都買得到！這表示有特定的人在供應／釋出籌碼，而且可以釋出的股數還很多！那會是誰呢？不外乎就是大戶、法人這兩大類吧！

換句話說，當利多頻傳的時候，就會吸引散戶勇於追價；而當眾多散戶在此利多時刻，爭相搶購時還買得到股票，表示籌碼來源是之前已經先上車的大戶或法人，選擇在利多發布的時間點大量出脫股票，獲利了結出場。因此，在大量籌碼傾巢而出的時刻，大盤或個股反倒就漲不上去了。

所以，關於行情是否即將反轉的一個簡單判斷方法是：當大盤漲勢的百分比（例如 7%），低於融資餘額增加幅度的百分比（例如 10%）時，投資朋友可得要小心提高警覺才行。因為在利多氛圍的情況下，你買得到股票，反而可能是危險的。因為你有可能接到的是天上掉下來的刀子，而不是天上掉下來的禮物！這也就是股神巴菲特講的：「當市場貪婪時，我得恐懼；而在市場恐懼時，我反倒可以貪婪（進場）」的道理！

 看到「大盤漲勢的百分比」＜「融資餘額增加幅度的百分比」，投資朋友千萬要小心、小心、再小心！

心動也要
行動！

今天是 ＿＿＿ 年 ＿＿ 月 ＿＿ 日

我想投資的股票是 ＿＿＿＿＿＿＿＿＿ ，代號是 ＿＿＿＿＿

想買的原因是：

今天是 ＿＿＿ 年 ＿＿ 月 ＿＿ 日

我想投資的股票是 ＿＿＿＿＿＿＿＿＿＿ ，代號是 ＿＿＿＿＿

想買的原因是：

心動也要
行動！

今天是 ＿＿＿ 年 ＿＿ 月 ＿＿ 日

我想投資的股票是 ＿＿＿＿＿＿＿＿＿ ，代號是 ＿＿＿＿＿

想買的原因是：

今天是 ＿＿＿ 年 ＿＿ 月 ＿＿ 日

我想投資的股票是 ＿＿＿＿＿＿＿＿ ，代號是 ＿＿＿＿

想買的原因是：

圖解筆記16

3天搞懂技術分析

看懂走勢、解讀線圖，橫掃股市乘風破浪！

作　　者：梁亦鴻
責任編輯：林佳慧
校　　對：梁亦鴻、林佳慧
視覺設計：廖健豪
寶鼎行銷顧問：劉邦寧

發 行 人：洪祺祥
副總經理：洪偉傑
副總編輯：林佳慧
法律顧問：建大法律事務所
財務顧問：高威會計師事務所
出　　版：日月文化出版股份有限公司
製　　作：寶鼎出版
地　　址：台北市信義路三段151號8樓
電　　話：(02)2708-5509｜傳真：(02)2708-6157
客服信箱：service@heliopolis.com.tw
網　　址：www.heliopolis.com.tw
郵撥帳號：19716071 日月文化出版股份有限公司

總 經 銷：聯合發行股份有限公司
電　　話：(02)2917-8022｜傳真：(02)2915-7212
印　　刷：禾耕彩色印刷事業股份有限公司
初　　刷：2019年9月
初版14刷：2021年7月
定　　價：320元
I S B N：978-986-248-832-4

國家圖書館出版品預行編目資料

3天搞懂技術分析：看懂走勢、解讀線圖，橫掃
股市乘風破浪！
/ 梁亦鴻著. -- 初版. -- 臺北市：日月文化,
2019.09
224 面；17 × 23 公分. --（圖解筆記；16）
ISBN 978-986-248-832-4（平裝）
1.股票投資 2.投資技術 3.投資分析

563.53　　　　　　　　　　　108012755

日月文化集團
HELIOPOLIS
CULTURE GROUP

客服專線 02-2708-5509
客服傳真 02-2708-6157
客服信箱 service@heliopolis.com.tw

日月文化集團 讀者服務部 收

10658 台北市信義路三段151號8樓

對折黏貼後，即可直接郵寄

日月文化網址：**www.heliopolis.com.tw**

最新消息、活動，請參考 FB 粉絲團

大量訂購，另有折扣優惠，請洽客服中心（詳見本頁上方所示連絡方式）。

大好書屋

寶鼎出版

山岳文化

EZ TALK

EZ Japan

EZ Korea

大好書屋・寶鼎出版・山岳文化・洪圖出版　EZ叢書館　EZ Korea　EZ TALK　EZ Japan

日月文化集團
HELIOPOLIS
CULTURE GROUP

3天搞懂技術分析

感謝您購買 看懂走勢、解讀線圖，橫掃股市乘風破浪！

為提供完整服務與快速資訊，請詳細填寫以下資料，傳真至02-2708-6157或免貼郵票寄回，我們將不定期提供您最新資訊及最新優惠。

1. 姓名：＿＿＿＿＿＿＿＿＿＿＿＿　　　性別：□男　　□女

2. 生日：＿＿＿＿年＿＿＿＿月＿＿＿＿日　職業：＿＿＿＿＿

3. 電話：（請務必填寫一種聯絡方式）

  （日）＿＿＿＿＿＿＿　（夜）＿＿＿＿＿＿＿（手機）＿＿＿＿＿＿＿

4. 地址：□□□＿＿＿＿＿＿＿＿＿＿＿＿＿＿＿＿＿＿＿＿

5. 電子信箱：＿＿＿＿＿＿＿＿＿＿＿＿＿＿＿＿＿＿＿

6. 您從何處購買此書？□＿＿＿＿＿＿＿縣/市＿＿＿＿＿＿書店/量販超商

  □＿＿＿＿＿＿＿網路書店　□書展　□郵購　□其他

7. 您何時購買此書？　　年　　月　　日

8. 您購買此書的原因：（可複選）

  □對書的主題有興趣　□作者　□出版社　□工作所需　□生活所需

  □資訊豐富　□價格合理（若不合理，您覺得合理價格應為＿＿＿＿＿）

  □封面/版面編排　□其他＿＿＿＿＿＿＿＿＿＿＿＿＿＿

9. 您從何處得知這本書的消息：□書店　□網路／電子報　□量販超商　□報紙

  □雜誌　□廣播　□電視　□他人推薦　□其他

10. 您對本書的評價：（1.非常滿意 2.滿意 3.普通 4.不滿意 5.非常不滿意）

  書名＿＿＿　內容＿＿＿　封面設計＿＿＿　版面編排＿＿＿　文/譯筆＿＿＿

11. 您通常以何種方式購書？□書店　□網路　□傳真訂購　□郵政劃撥　□其他

12. 您最喜歡在何處買書？

  □＿＿＿＿＿＿＿縣/市＿＿＿＿＿＿書店/量販超商　　□網路書店

13. 您希望我們未來出版何種主題的書？＿＿＿＿＿＿＿＿＿＿＿

14. 您認為本書還須改進的地方？提供我們的建議？

＿＿＿＿＿＿＿＿＿＿＿＿＿＿＿＿＿＿＿＿＿＿＿＿＿＿＿＿＿

＿＿＿＿＿＿＿＿＿＿＿＿＿＿＿＿＿＿＿＿＿＿＿＿＿＿＿＿＿

＿＿＿＿＿＿＿＿＿＿＿＿＿＿＿＿＿＿＿＿＿＿＿＿＿＿＿＿＿

＿＿＿＿＿＿＿＿＿＿＿＿＿＿＿＿＿＿＿＿＿＿＿＿＿＿＿＿＿